河南省社会科学规划“揭榜挂帅”项目（编号：2022XWH229）的
阶段性研究成果

英语翻译教学的多维视角探索

刘 佳 著

全国百佳图书出版单位 吉林出版集团股份有限公司

图书在版编目（CIP）数据

英语翻译教学的多维视角探索 / 刘佳著. -- 长春 : 吉林出版集团股份有限公司, 2023. 6

ISBN 978-7-5731-3695-4

Ⅰ. ①英… Ⅱ. ①刘… Ⅲ. ①英语-翻译-教学研究 Ⅳ. ①H315. 9

中国国家版本馆 CIP 数据核字（2023）第 115435 号

YINGYU FANYI JIAOXUE DE DUOWEI SHIJIAO TANSUO

英语翻译教学的多维视角探索

著：刘 佳
责任编辑：朱 玲
封面设计：冯冯翼
开 本：720mm×1000mm 1/16
字 数：180 千字
印 张：10
版 次：2023 年 6 月第 1 版
印 次：2023 年 6 月第 1 次印刷

出 版：吉林出版集团股份有限公司
发 行：吉林出版集团外语教育有限公司
地 址：长春市福祉大路 5788 号龙腾国际大厦 B 座 7 层
电 话：总编办：0431-81629929
印 刷：三河市金兆印刷装订有限公司

ISBN 978-7-5731-3695-4 定 价：60. 00 元

前　言

进入21世纪，中国已经完全融入经济全球化和知识信息化的大潮之中，在国际上扮演着越来越重要的角色，同时也迎来了更多的机会与挑战。英语是世界上应用最普遍的一种语言，在科技与经济一体化不断推进的背景下，英语的地位日益重要，社会对英语人才的数量、质量也有了更高的要求。掌握一门语言，积极地融入国际交往中，是优秀人才所必须具备的一项基本素质，这已经成了人们的一种共识。而人才的培养主要依靠的是教育，教育的最终实施是在教学中完成的。由此可见，英语教育对于国际交往与人才培育具有重要意义。

翻译是英语教学的一个主要发展方向，在英语教学中起着非常关键的作用。翻译就是将一种文字所表达的意思，用另外一种文字来传达，以交流思想感情，传播文化知识，推动社会文明，促进译语文化的繁荣与发展。英语翻译能促进我国与国外的文化交流，让我国的经济与文化走上国际舞台。

翻译教学是翻译理论与实践相结合的重要领域。翻译教学研究也是翻译研究的重要组成部分，对提高翻译教学水平有着直接的推动作用。翻译教学的理论研究直接影响到了译者的总体素质和今后的发展，在英语翻译教学的过程中，由于英汉两种语言之间存在差异，使学生很难准确、全面地理解原文。在英语教改的背景下，许多专家和学者都在关注怎样改善英汉互译的质量。英语教师应提高对英语翻译课的重视程度，改变传统的教育观念，把握英语翻译课的基本方法，以创造性思维开展英语翻译教学。在新的情况下，教师应该根据新的需求，运用新的教学手段，设计新的教学方式，挖掘新的教学资源，开展新的教学活动，以期让英语翻译教学展示出新意。

本书是一本研究英语翻译教学的理论著作。简述了英语翻译的基本理论、英语翻译教学的基础知识、英语翻译教学的现状与对策；探讨了语言学视角下的英语翻译教学、文化视角下的英语翻译教学、文体视角下的英语翻译教学、新媒体视角下的英语翻译教学；论述了英语翻译人才的培养模式与路径、国际化英语翻译人才的培养、英语翻译教师的核心素养、师资建设与能力培养等方面的内容。

需要说明的是，英语翻译教学并不止于本书的内容，尤其是其中的某些教学的技巧与方法，还需要人们结合自身实际，灵活运用，唯有如此，才能百尺竿头更进一步！

在写作过程中，作者广泛参考、吸收了国内外众多学者的研究成果和实际工作者的经验，在此，对本书所借鉴的参考文献的作者、对写作过程中提供帮助的单位和个人致以衷心的感谢！在写作本书时，深感自身所存在的不足，对于书中存在的错误与疏漏，希望广大读者予以谅解，并提出自己的宝贵意见，以便修改完善。

目　录

第一章　英语翻译教学基本理论

随着社会的不断发展，世界各国在文化方面的交流越来越频繁，而且呈现出逐渐融合的趋势。作为世界各国交流的桥梁和纽带，翻译过程中必然会涉及文化问题，这就要求译者必须具备丰富的文化知识、扎实的翻译能力，这些基本能力的养成与学校教育密不可分。本章主要论述了英语翻译教学的基本理论。

第一节　英语翻译概述

一、英语翻译的基本性质

（一）翻译的个体性

翻译都有人的活动参与，尤其是由译者而不是机器进行的翻译，都不可避免地带有译者的个人色彩。这与每位译者自己的教育背景、价值观、世界观、家庭社会影响息息相关。每个人对英语原文的理解、汉语的表达能力和文化修养也都不尽相同，译文也就能体现出译者的不同素质和特点。

（二）翻译的社会性

翻译是跨文化、跨语言的、人类有目的的社会行为与活动，在不同的社会因素、社会需求和社会作用下，产生了不同类型的翻译。翻译的社会性是指不同历史时期对翻译的民族文化心理、社会的精神需求、社会接受程度。换句话说，翻译绝不可能孤立于社会存在，翻译作为一种社会现象而产生，又推动着社会文化的发展，贯穿于社会发展的全过程。

（三）翻译的艺术性

翻译的普遍性在于，不管是什么样的文体，诗歌戏剧、散文经书、法律文件等，其翻译都离不开斟词酌句、调整句式和润泽译文等文学加工。翻译艺术的依附性则在于翻译不能脱离原文存在。翻译不是创作，不能译者想怎么写就怎么写，翻译会受到原文的文体风格、文化差异、语言差异等各方面的限制，可谓“方寸之地见功夫”。变通性则是指译文要符合本国读者的审美情趣、文化传统和语言习惯，就需要对原文的艺术美加以改造，在不失原文精髓的情况下，让本国读者欣然接受。

（四）翻译的创造性

翻译的创造性主要指译者的主观能动性。译者在翻译的时候会受到诸多因素的限制，不能脱离原文任凭自己的喜好发挥；但从遣词造句的角度来说，译者又是具有一定自由度的。这个度里面，译者的创造性可以体现在文化的移植、形象的再现、语言形式的传达、新译名的设立等多方面。

（五）翻译的从属性

翻译的从属性与翻译的创造性相对，指译文的内容、主旨观点、感情思想、文体风格应当尽量与原文一致。译者不是作者，不能自己创作，只能根据翻译的要求尽可能忠于原文的艺术风格和韵味。

（六）翻译的多样性

翻译的多样性体现在译文的各个层面，从字词的选择到句式的调整、段落篇章的润色，无不见译者的功底。翻译的多样性指同一种意思可以有多种表达方法，也就是翻译中常提到的“意一言多”。在不违背原文意思的情况下，同一个英语单词可以用多个汉语词汇来翻译，这可以使译文更加生动活泼，但同样也需要译者对原文有确切的把握，且其中文涵养也需要达到一定的境界。

（七）翻译的科学性

翻译科学性的基础是“人同此心，心同此理”，即在地球生态环境大统一的基础上，人类的思维框架和意识形态是基本一致的。人类语言具有“同质性”，即语言之间存在对应关系，如“door”对应“门”，“school”对应“学校”，“cloud”对应“云”，英语主动语态“I finished the work.”对应“我完成了工作。”，被动语态“The child was taken home.”对应“那个孩子被领回家了。”等等。当然英汉两种语言存在许多无法一一对应的情况，但从广义上说，语言之间的同质性与对应关系仍是翻译的科学性所在。①

二、英语翻译的标准

翻译标准指衡量译文质量的尺度，国内外对译文好坏有不同的观点。西方主要讨论的是可译性、不可译性、可译性限度和等效翻译等，而国内的标准则有严复的“信达雅”、傅雷的“神似”、钱钟书的“化境”等。但翻译的标准没有绝对的统一性，在不同的国家、时代，翻译的目的不同，其评判标准也呈多元化趋势。

（一）西方的翻译标准

西方的翻译理论虽然众说纷纭，种类繁多，不同学说讨论的重点各不相同，但就翻译标准而言，大体上主要在讨论翻译的可译性、不可译性与可译性限度。

1. 可译性

在西方翻译界，语言之间的可译性是翻译理论和翻译研究讨论的一个基本问题。本雅明（Walter Benjamin）认为，语言是互补的，也具有互释性，这就是不同语言之间相互沟通的根本基础。人们都生活在地球上，虽然各个地域的生态环境、自然条件或者物质资源千差万别、各不相同，但我们仍可以认为人类所居住的地球生态系统是一个统一的大环境。这种物质的统一性使得人类在大脑中形成一个宏观上基本相同的意识形态框架。

① 王静. 跨文化视角下的英语翻译理论与实践探究［M］. 长春：吉林人民出版社，2018：9.

这也是语际交流的一个重要依据和基础。尽管各种语言的体系差别甚大，但语言之间的翻译主要目的是沟通和交流。在这个目标下，如果某个源语言的具体语言要素在目的语中找不到等值对应，在整体的翻译中仍可采取替代、解释等手段来保持信息的完整性。

2. 不可译性

不可译性指译文不可能准确、完整地再现原文。语言间的不可翻译一般是由两方面的原因造成的：第一，各种语言有其特定的文学形式，如英语中的十四行诗，汉语的唐诗宋词等，其形式对于传情达意有重要作用，但在目的语中并不存在对等的文字形式；第二，语言之间的文化差异导致不同的语言中有各自独特的，体现民族审美观、价值观和思维方式的表达，这样的表达在其他语言中并不存在。不过，随着时代的发展和交流的增加，这样的文化差异也会逐步缩小。

3. 可译性限度

由于语言形式和文化的差异，语言之间的翻译不可能完全对等。可译性和不可译性并不是截然对立的两面，也没有特别明显的划分。随着社会文化的发展，国际交流的增多，越来越多的不可译变成了可译。译者所能做的，就是最大限度地发挥主观能动性，不断努力突破可译限度。

（二）中国的翻译标准

提到中国的翻译标准，最常被人们提起的就是严复的“信达雅”。古言的“传神”“达旨”被后人借用描述好的翻译，针对严复的“信达雅”，后来的翻译理论家们提出了更多的标准来补充说明“信达雅”的内涵。20世纪以来，傅雷提出了“神似”的标准，钱钟书提出了“化境”的标准，直至辜正坤提出“翻译标准多元互补论”，国内对英汉翻译的评判标准的争议至此告一段落。下面笔者简单回顾一下以上标准。

1. 案本而传

早在东晋时期，佛经翻译大师道安就提出了“五失本，三不易”之说，开创了中国翻译理论之先河，现在已经成为举世公认的佛经翻译原则。他也曾就翻译标准提出了“案本而传”的理论，即按照原文的本意翻译，这样可以不失原义；除了偶尔改变原文的词序，应尽量将原文忠实翻译。

2. 信达雅

严复在《天演论·译例言》中谈道了译事的三难，也就是我们通常所说的信、达、雅。中国翻译研究者对于严复提出的这“译事三难”通常解读如下：“信”指忠实于原文内容，为读者准确传达原文中的信息；“达”指用目的语言地道表达；“雅”指译文的艺术表现力和风格特色应当与原文相当，也就是形式上与原文保持一致。

3. 神似

“神似”古语出自东晋顾恺之的《画论》，传说他画人物几年不画眼睛，原因就是他认为“传神写照，正在阿堵中”。即人物的神采精妙之处，都在眼睛上，不可轻易画就。后来这个“传神写照”便被沿用于翻译理论中，指对原文内容的准确传达和形式的灵活模仿。后被翻译大家林语堂引用作为翻译的标准，再经由朱光潜的“近似”、傅雷的“神似”，最后发展为钱钟书的“化境”。

4. 化境

“化境”作为术语，最早出现于金圣叹的《水浒传序一》，但用其来点评翻译作品则是出自钱钟书。这一标准的提出，要求译者能够想原文作者所想，与其达到心灵上的契合。化境是包含或超越两种语言范型、两种文学传统、两种文化特性的翻译境界，这应当是翻译的一种至高境界，虽然不易达到，但译者应当不断提高自身素质修养，为达到“化境”目标而努力。

5. 翻译标准多元互补论

辜正坤认为，应当以一种宽容的态度承认多个翻译标准同时存在，这些标准具有不同的侧重点和功能，可以相互补充。由于翻译的目的、社会作用、读者群体特点具有多样性，翻译策略、手法和翻译途径又各有差异，翻译不可能单纯地以某一个或几个标准来衡量，所以好坏应当是一个相对的概念。他提出了一个“标准系统”，即“绝对标准—最高标准—具体标准”，其中“绝对标准”指原作，虽然是永远不可能达到的标准，却可以尽量地接近；“最高标准”指“最佳近似度”，也即译文与原文之间所能达到的最大相似程度；“具体标准”指在读者的有限认识能力内所默认的具体判定某篇译文的标准。而这些多元标准的互补性则体现在一个翻译标准所具有的优点，正是别的翻译标准所具有的缺点，不同的标准能够衡量译作的不同方面，除了起到各自的作用，还能相辅相成。①

三、英语翻译的过程

翻译是一个十分繁杂的过程，其工作重点是如何准确地理解原文思想，同时又恰当地表达原文意思。换言之，翻译的过程就是译者理解原文，并把这种理解恰当地传递给读者的过程。它由三个相互关联的环节组成，即理解、表达和校改。这三个环节是相互联系、往返反复的统一流程，彼此既不能分开隔断，又不能均衡齐观。为了讲解方便，我们把翻译过程中的理解、表达、校改三个环节分别进行简略论述。

（一）理解

1. 翻译中理解的特点

首先，翻译中的理解有着鲜明的目的性，即以忠实表达原作的意义并尽可能再现原作的形式美为目的。因此，它要求对作品的理解比一般的阅读中的理解更透彻、更细致。翻译的理解系统从宏观上看，要包括原作产生的社会、历史和文化背景；从微观上看，则要细致到词语的语音甚至词形。从某种意义上来说，以翻译为目的的理解比以其他为目的的理解所面临的困难都要多。以消遣为目的的理解显然无须去分析作品的风格，更无须每个词都认识。即使以研究为目的的理解也无须面面俱到，而只是对所关注的内容（如美学价值、史学价值、科学价值、实用价值等）的理解精度要求高一些。

第二，以翻译为目的的理解采用的思维方式不同于一般的理解。一般的理解，其思维方式大都是单语思维，读汉语作品用汉语进行思维，读英语作品就用英语进行思维。以翻译为目的的理解采用的是双语思维方式，既用原语进行思维，又用译入语进行思维，原语与译入语在译者的大脑里交替出现。

第三，以翻译为目的的理解其思维方向遵从的是逆向—顺向模式。一般的抽象思维的方向是从概念系统到语言系统，而阅读理解中的思维则是

① 盛辉．语言翻译与跨文化交际人才培养策略研究［M］．长春：东北师范大学出版社，2019：150.

从语言系统到概念系统，是逆向的。一般的阅读，理解语言的概念系统后，任务便完成了，而翻译则要从这个概念系统出发，建构出另一种语言系统。

2. 顺向思维过程

理解是翻译过程的第一步，是表达的前提。这是最关键，也是最容易出问题的一个环节。不能准确、透彻地理解原文，就无法谈及表达问题。理解首先要从原文的语言现象入手，其次还要涉及文化背景、逻辑关系、具体语境以及专业知识等。

（二）表达

表达是翻译的第二步，是实现由原语至译语信息转换的关键。理解是表达的基础，表达是理解的目的和结果。表达好坏取决于对原语的理解程度和译者实际运用和驾驭译语的能力。

理解准确则为表达奠定了基础，为确保译文的科学性创造了条件。但理解准确并不意味着一定能翻译出高质量的译文，这是因为翻译还有其艺术性。而翻译的艺术性则依赖于译者的译语水平、翻译方法和技巧。就译语而言，首先要做到遣词准确无误；其次还要考虑语体、修辞等因素，切忌随便乱译。①

第二节　英语翻译教学基础知识

一、翻译教学的理念

翻译教学的理念我们可以从以下几个方面进行论述：

（一）翻译教学的先导

翻译理论是翻译课程的先导，理论的意义在于它对课程的指导作用，

① 陈莹，吴倩，李红云. 英语翻译与文化视角［M］. 长春：吉林人民出版社，2020：150.

就目前的理论而言，不仅学派众多，而且理论繁杂。如果把不同学派的理论观点和相关内容全都搬进翻译理论中，不仅使人感到空乏，而且也不具备科学性。很多翻译理论都是传统的理论，多来自文学，相对来说缺乏实用性。翻译理论大部分运用于文学翻译，而在实用翻译方面应用很少。正是这种理论与实践的不平衡，导致很多人觉得翻译理论不切实际。

相较而言，翻译功能目的论是比较切合实用翻译的。翻译功能目的论认为影响翻译过程的因素有很多，但是最终起决定性作用的是译本的预期目的和功能。从目的方面来说，翻译目的又受到很多因素影响，如翻译委托人、译本接受者或者文化背景、情景的制约等，都会导致其目的功利化、现实化。目的和功能是实用文体翻译的依据和依归，而功能目的论的理论核心也在于目的和功能，两相印证，理论和实践有可能很好地结合。事实上，学校开设翻译课就是为了让学生在实际中能够运用，而从实践中，也能够看到，学生选择这门课很大程度上也是为了在相关考试得高分或为今后实际工作而考虑。因而，如果用翻译的功能目的论指导学生的翻译课程将有利于调动学生学习的积极性和创造性。

（二）翻译教学的基础

翻译教学的基础是语言的对比，我们在学英语的过程中都有这样的体会，一旦脱离说英语的环境，我们总是本能地说中文，这一点对初学者来说更加明显。然而当我们有了一定的词汇量时，我们就会愿意说英语，但是在这个过程中，我们会把中英文进行对比，也就是说当我们有些短语不知该怎么翻译时，就会用中文的思维方式去翻译。之所以会出现汉化的英语，就是因为学生对英汉两种语言形式上的差异了解不清楚，造成了这种生搬硬套的结果。在两种语言的转换过程中，译文是对比或比附的产物。翻译课的目的是把不自觉的错误对比转化为有指导的对比，从而深入认识两种不同语言的异同。

语言对比的关键是分析语言相同之处的差异以及各有差异。各有差异主要表现在语序的差异、信息的重心安排以及连接方式上，这些地方会根据语言的不同而有所变化。对于相同之处的差异，举例来说，英语和汉语中都有介词，其用法也有相似之处，但汉语中的介词大部分是由动词演变而来，有些至今尚不能完全肯定其词性究竟是动词还是介词，而英语中的介词和动词则完全不同。正是因为这种差异，在汉译英时，介词往往被翻译成动词。例如“to go by train”的正确译法应该是“坐火车去”。这里“by train”就翻译成“坐火车”，“by”就被当作动词翻译了。再如“a girl in red”，应该译成“穿红衣服的女孩”。这里的“in”翻译成了“穿”，也是被作为动词翻译了。诚然，异也不是绝对的异，然而通过同中有异、异中有同以及各不相同的对比，可克服母语干扰，从而达到正确理解和通顺表达的目的。

（三）翻译教学的载体

通过翻译，可以清楚地看到英汉两种语言在表达方面的异同，翻译教学更是能够全面检验和提高学生英语水平的有效手段。课堂教学是翻译教学的载体，教师通过课堂可以尽量详解教材，并对知识、技能、过程、方法与情感、态度以及价值观进行相应的引导。对于翻译课堂存在的问题进行及时的处理，因为只有优化翻译课堂，才能保证翻译课堂的有效性。

课堂教学应努力贯彻以实践为手段、以学生为主体的原则，大致可包括以下环节：

1. 教师讲解

讲解的重点是以英汉语言对比为基础分析译例，把学生对翻译的感性认识提高到理性认识。

2. 范文赏析

赏析的时候要选择具有代表性的范文，例如一些名人名译等，既能够给学生们带来赏心悦目的感觉，不让他们感觉到乏味无趣，又有借鉴临摹之功。

3. 译文对比

选择同一原文的两三种不同的译文，让学生比较揣摩；不但比较译文的优劣，也可比较不同的译德、译风，择优而从，见劣而弃。[①]

二、英语翻译教学的内容

翻译所涉及的内容非常宽泛，因此大学英语翻译教学所包含的内容也十分丰富。具体而言，大学英语翻译教学内容主要包含以下几个方面。

---

① 冯华，李翠，罗果. 英语语言学与教学方法研究［M］. 长春：吉林人民出版社，2019：256.

（一）翻译基础理论

翻译基础理论知识是英语翻译教学的基本内容，也是不可或缺的内容。翻译理论知识主要包括对翻译活动本身的认识、了解翻译的标准、翻译的过程、翻译对译者的要求（译者的素养）、工具书的运用等内容。翻译理论知识的教授不仅可以使学生从宏观上明确翻译的基本思路，还能增强学生的翻译实践能力。

（二）英汉语言对比

翻译是两种语言之间的转换，所以对英汉语言进行对比分析不仅仅是翻译教学的基础，也是构成翻译教学的重要内容。英汉语言对比包括两个层面的比较：一是在语义、词法、句法、文体篇章等语言层面的比较；二是在文化、思维层面的比较，以便在传译过程中完整、准确、恰当地传达出原文的信息。

（三）常用翻译技巧

翻译技巧是翻译教学的主干，在翻译实践中发挥着重要的作用，因此翻译技巧也就构成了英语翻译教学的主要内容之一。具体来讲，翻译技巧就是为了保持译文的通顺，在内容大致不变的前提下，对原文的表现方式和表现角度进行改写的方法，包括直译、意译、释义、增译、减译、正译、反译等。

（四）人文素养

语言与文化密不可分，所以翻译不仅仅涉及两种语言之间的转换，还涉及两种文化之间的转换。在具体的翻译实践中，译者不可避免地会遇到政治、经济、历史等各个方面的内容，如果不了解一定的文化背景知识，就很难有效进行翻译。因此，人文素养也就成了英语翻译教学中不可或缺的内容。①

---

① 节娟娟. 中国传统文化与大学英语教学的融合与渗透研究［M］. 北京：中国大地出版社，2019：189.

三、英语翻译教学的原则

（一）以学生为中心原则

我国传统的英语教学包括翻译教学长期遵循“课堂+黑板”的教学模式，这种教学模式以教师为中心。近年来，随着我国英语教学改革的不断深入，越来越多的人开始意识到应该坚持以学生为中心的教学理念，实现教师由“教”变为“导”的角色转换。对学生来说，翻译教学就是他们在教师的指导下通过自身的学习逐步成为优秀翻译工作者的过程。

因此，从这个角度来说，学生学习翻译是通过从实践中积累经验建构自己的专业知识的过程，教师在其中发挥的只是指导与协调的作用。学生要从传统教学中的被动接受者转变为主动参与者，从而成为知识的自主探究者和意义构建的主体，最终成为知识的主人。以学生为中心的教学原则不是让教师对学生放任不管，相反，它对教师的教学提出了更高的要求。具体来说，教师在教学过程中要努力做到以下几个方面。

1. 转变自身角色。教师要时刻意识到自己并不是学生获取知识的唯一渠道，他们的作用是帮助学生学会学习，学会解决学习过程中遇到的问题。

2. 要努力培养学生的创造性，鼓励他们进行发散思维。

3. 要灵活安排教学活动，有效利用生活环境，使课内外相互配合，并适当开设专家讲座传授经验。

（二）激发学生学习兴趣原则

一方面，兴趣是最好的老师，是推动学生学习的最强有力的动力。学生只有对学习充满兴趣才会积极探求事物。可以说，学生英语学习成功与否，在很大程度上取决于他们对英语学习的兴趣。翻译学习也是如此。另一方面，翻译是一项复杂的双语转换活动，学生进行翻译练习通常比较枯燥，加上很多学生的语言基础知识不扎实，在翻译过程中会遇到很多困难，这些因素都会导致学生对翻译学习失去兴趣。因此，教师在教学过程中培养学生的学习兴趣是一个很重要的任务。这里给教师提以下几点建议，以充分激发学生对翻译的兴趣。

1. 进行情景教学

翻译教学要一改传统的教学作风，认识到学生才是教学的主体，一切活动要围绕学生来进行。教师在教学中不能一味地讲述自己翻译的基本理论或技巧等，而是要注意活跃课堂气氛，让学生积极参与到课堂教学中。为此，教师可以创设一些活动情景。例如，在翻译商务文体时，教师可以为学生创造一些商务翻译活动的情景，在这种模拟的情景中，学生既可以真正了解真实工作所需要的技能，又能体会到翻译工作的不易。同时，在相互合作与协商中完成翻译任务，学生会体会到团队合作的重要性，从而可以培养他们的团队意识与合作精神。

2. 进行案例教学

仍以商务英语翻译教学课程为例，教师可以根据相应的课程设计，寻找与某一单元主题直接相关的翻译案例，把学生带人特定事件的现场，再现案例，从而提高学生的实际翻译能力。需要注意的是，所选取案例内容要足够新颖，最好与学生的专业或社会实际密切相关，这样才能切实有效地激发学生的翻译兴趣。教师将翻译教学巧妙地贯穿在案例讲解中，不仅可以讲解翻译相关知识，还能渗透相关翻译技巧，化枯燥于无形，从而提高课堂教学效果。

3. 充分利用多媒体和网络等教学手段

随着多媒体技术的发展，与多媒体相关的各种教学手段也被应用在英语教学中。借助于网络，学生对翻译这门课程的兴趣可以得到明显提高。因此，教师可以充分利用这一点，提高学生的学习动机以及自主学习能力。

（三）质量与速度兼顾原则

在实际翻译活动中，常常会有催稿很急的情况发生，如果学生的翻译速度太慢，可能会完不成翻译任务。因此，在翻译教学过程中，培养学生提高翻译速度是一个不可忽视的任务。在翻译教学过程中，可以经常做课堂限时练习，如英译汉练习的量可以先从每小时 200 个左右英文单词开始，以后逐渐增加到每小时 250~300 个英文单词甚至更多；汉译英可以从每小时 150 个汉字开始练，然后逐渐增加。这样的练习可以让学生在有限的时间内学会有效地安排时间，逐渐提高翻译的速度。

除了课堂限时练习之外，课后练习的布置也要求学生尽量在规定的时间内完成练习任务。这样，经过一段很长时间的不断训练，学生的笔译速度便会逐渐提高，在此过程中也逐渐加强了学生速度意识的培养。

（四）培养翻译能力与翻译批评能力相结合原则

教师在培养学生翻译能力的同时，还要注意提高学生的翻译批评能力。批评能力是指要对别人的译作进行客观的评价，既要点评优点，也要批评缺点，还可以对错误的地方进行修正。这样做有利于学习他人的长处，反思自己的错误，避免以后再犯。因为当学生既然能够对别人的译作进行翻译批评，也就能对自己译作的优劣心知肚明了。

（五）学以致用原则

学以致用原则也就是实践原则。学习的目的在于运用，尤其是语言这样一个交流工具。因此，教师应尽可能地创造机会让学生到社会上，如到翻译公司参与实际的翻译工作，体会个中感受，这对学生的翻译学习具有积极意义。

翻译的好坏取决于译文读者的反馈，译作能否被接受要看是否符合客户的需求。这就决定了翻译教学不是封闭的，而是一门实践性很强的课程。学生在从事正式翻译工作之前，能有机会体验社会需求是非常重要的。这一方面提高了学生的学习能力，另一方面为学生走入社会、适应社会打下基础，使学生毕业后能更快地融入社会。①

第三节　英语翻译教学的现状与对策

一、英语翻译教学的现状

（一）教学与测试的关系现状

当前，由于缺乏统一的英语翻译教学的教材和教学大纲，各学校在教

① 节娟娟. 中国传统文化与大学英语教学的融合与渗透研究［M］. 北京：中国大地出版社，2019：47.

学安排上也具有较强的随意性，这也就造成了英语翻译教学重点不突出，翻译能力测试评估不规范，翻译教学内容覆盖面较窄，翻译测试目的不明确，缺乏较为统一、客观、科学的评价体系的结果，且在测试中常常不会涉及学生翻译的技能测试，也就导致学生认为考试不考，所以也不会学习，最终无法巩固所学知识的现象，即翻译教学和测试不同步。①

（二）英语翻译教学内容现状

随着科学技术的发展和社会的不断进步，当前已经处于一个经济、文化多元化发展的新时代，人们的思想意识和观念也随之产生了变化，这种大氛围的改变使得许多学生的思想、个性发生了深刻的改变，从而需要更丰富、更新鲜的教学内容来刺激他们的神经，激活他们的学习动力。但是，在今天部分院校的英语翻译教学内容仍然大量采用传统的教材，这些传统教材的专业性一般都较强，且比较偏重于理论，不能反映当代社会的现实情况。同时，能够充分反映时代新信息的科技、外贸、影视、媒介、法律、军事等题材的教材很少。在这种情况下，学生无法掌握新的相关专业知识和专业术语。②

（三）学生翻译学习的现状

1. 学生对英语国家文化背景了解不深入

无论从社会性角度还是从语言最根本的象征意义上来说，语言都具有很强的文化特性。语言是在特定的文化环境中产生的一种独特载体，它具有文化属性，只能在一定的文化环境中才能体现出自己最根本的意义。语言与文化是相互作用、相互影响的。翻译涉及两种不同的文化。对于一个好的译者来说，对两种不同的文化的了解远胜于精通两种语言。词语的真实含义只有在原本的文化环境中才会得到充分体现。没有对英语国家文化的了解，学生就不可能准确领会到原文所蕴含的深层含义，甚至可能用母语文化的思维方式去分析、理解英语，这很可能导致在翻译过程中产生一些常见的错误，学生无法真正掌握翻译这门技术。

---

① 张富庄，董丽. 当代高校英语翻译教学研究［M］. 长春：吉林人民出版社，2019：14.

② 周榕，郭沫，秦波. 英语翻译与语言学［M］. 芜湖：安徽师范大学出版社，2019：13.

2. “的的不休”

在实际的翻译操作中，中国学生每每看到英语形容词就自然而然地将其翻译成汉语的形容词形式，即……的，导致译文“的的不休”，读起来很别扭。

3. 语序处理不当

英语的句式一般是直截了当地陈述一个话题，之后逐步增加详细内容或者补充说明。有的时候为了表达更复杂的逻辑就会利用一些形式上的变化或者是使用比较丰富的联结词，按照句意随意调整语句顺序。但汉语与英语则不同，汉语具有较强的逻辑性，往往按照某种逻辑关系进行描述。这就要求在汉译英的过程中注意语句顺序，及时做出相应调整。而很多学生意识不到这一点，译文也大多存在语序处理不当的问题，读起来十分别扭。

4. 不善增减词

由于语言和文化的不同，在翻译过程不能仅关注英语格式，按照原文一字一句地进行翻译。其实，在翻译过程中可以根据原文意思和翻译目标，对词语进行适当增减。但许多学生不敢对此做出改变，所以其译文往往过于繁杂、冗长。

5. 不善处理长句

英语中不乏长而复杂的句子，这些句子大多通过各种连接手段衔接起来，表达了一个完整、连贯、明确、逻辑严密的意思。很多学生在遇到这样的句子时往往把握不好其中的逻辑关系，也不知如何处理句中的前置词、短语、定语从句等，因而译出的汉语句子多不符合汉语表达习惯。①

6. 不能正确选择或者引申词义

在翻译过程中，一些学生在词汇意义的取舍上出现了偏差，在翻译过程中出现了错误，导致译文无法准确传达原文含义。

学生不能从词语搭配和组合关系中判断词语的意义。英语词汇的意义非常灵活，相同的词汇在不同的情况下可能会产生不同的意义。这就需要学生在进行翻译时从上下文的关系、逻辑的关系和句子的结构等方面对词

---

① 杨雪飞. 多元文化视域下的大学英语教学研究［M］. 北京：北京理工大学出版社，2019：161.

汇意义进行分析，并对词义做出相应引申。如果脱离上下文，孤立地译一个词，就很难确切表达句子的深层意义。①

（四）教师存在的问题

翻译是有效进行口头和书面交流信息的重要技能，翻译教学是英语教学的重要组成部分，教学的好坏在很大程度上取决于教师，但教师在翻译教学的过程中存在着诸多的问题，影响着翻译教学质量的提高。

1. 教学形式单一

目前的翻译教学，除课文的英译汉外，主要是指导学生做汉译英练习。教师在教学过程中方法及形式单一，常采用如下的步骤：首先是让学生练习，然后批改习题，尽量将学生习题中的所有错误都找出来，全部纠正，以免被人认为教学不用心；最后点评练习，仍然是以纠正错误为主，对常见的典型错误进行点评。这样的教学方法尽管让教师耗费了许多心力，但并没有取得很好的教学效果。

2. 重视程度不够

目前英语教学大纲对翻译能力培养的要求不够具体，翻译在教学过程中的地位和作用没有其他英语技能显著。大部分教师都还在使用传统的翻译方法，对两种语言的相似与不同只进行表面对比，仅仅将翻译作为一种帮助学生了解和巩固语言知识的一种教学方法，他们更关注语言形式而不是语言内容，重视对学生翻译知识的培养，而忽视了对学生翻译能力的培养。教科书上的翻译练习往往都是一笔带过，往往都着重讲解在翻译资料中反复出现的关键词汇和常用句型，并没有针对正确答案进行系统的翻译训练。在教学过程中教师没有全面的教学计划，往往是在讲课时讲解一些关于翻译的知识，随意性很强。

针对上述情况，教师首先要明确翻译教学是英语整体教学中一个必不可少的重要组成部分。然后要确立把翻译作为语言基本技能来教的指导思想，把翻译知识和技巧的传授融入精读课文的教学中，有意识地培养学生的翻译能力，从而促进学生其他能力的提高。

---

① 杨洋，倪兆学，徐岩. 英语课堂设计与微课教学模式［M］. 长春：吉林人民出版社，2019：115.

二、英语翻译教学的对策

（一）改进课程设置

在我国广泛应用的一些非英语专业教材中，大部分都是针对听力、口语和阅读方面的训练，但很少关注翻译方面的能力训练，翻译技能和理论方面的训练几乎一片空白。因此，在教科书中添加适当的翻译内容、翻译理论和翻译技巧是教科书创新的关键。然而，大学英语的教学内容繁多，但课时又少，难以满足学生的实际需求，为此需要改革大学英语的课程结构，在大学英语的教学中除了精读和视听说课程外还应增设一门翻译课。除此之外，教师要不定期地给学生安排一些翻译方面的讲座，或者是给学生们提供一些与翻译有关的选修课，比如基础阶段的翻译技巧、英汉对比等课程以及提高阶段的商务谈判、西方文化、文化与翻译、跨文化交际学等。这些课程不但可以在教学时提高学生的翻译兴趣，而且可以有效解决语言教学中的一些问题。

（二）培养学生的学习观

1. 从教师的层面来讲

（1）加强学习方法的指导

进入大学学习阶段以后，中学阶段的学习方法已经不能够满足大学学习生活的需要。大学学习是专业性的学习，而不同学科之间在性质和难度上存在一定的差异性，需要运用不同的学习方法。对于英语专业而言，翻译是其中难度较大的一门课程，学生不仅需要掌握一般的学习方法，还需要具备一定的认识论方法基础。对此，高校教育工作者要引起高度重视，要在课堂教学阶段，引导学生运用科学的方法进行学习，并且在现有学习方法的基础上，探索出符合自身学习情况的学习体系。比如，教师培养学生翻译能力时，要将自身总结出来的学习经验告知学生，要让他们有计划地独立的展开预习，突破教材的体系和具体的教学内容，利用丰富的课外知识帮助学生巩固翻译知识，并且要引导学生形成自己的思路，建立完善的知识体系。

（2）深化教学范式的改革

学习的根本在于学生的主观能动性，想要从根本上提高教学质量，提高学生的翻译能力，就要教会学生学习。首先，教师要教育学生正确地理解知识、能力和智力这三者之间的关系，要在传授知识的同时，开发学生的智力，改进学生的学习方法。其次，要帮助学生掌握智力劳动的具体方法，比如，在翻译能力的培养上，要引导学生通过多种途径主动获取知识，不只是从教辅书上学习，还可以阅读课外参考书、字典、词典、索引等各种和翻译相关的资料汇编工具书，让学生通过听广播、看电影等各种形式的实践活动学习翻译知识，也要让学生懂得观察、分析、比较、判断等各种锻炼记忆力的方法。最好还要注意自身的示范作用和教学方法，调动学生的积极性，让学生养成正确的学习态度，形成良好的学习氛围。

2. 从学生的层面来讲

（1）树立起全面学习的观念

树立正确的学习观，学生自身的作用尤为重要。首先要树立起全面学习的观念，全面学习包括了两个方面的含义，一是要学习德才兼备，二是要处理专精和了解之间的关系。当今社会是现代科学技术飞速发展的社会，学生想要胜任未来的工作，就必须要在基础知识之上，进一步学习专业内容，拓展知识面，加深知识的认知程度，朝着全面化的方向发展。对于英语专业的学生而言，既要保证拥有扎实的基础知识理论，还要具备精深的专业知识和翻译技能，进而才能够成为业务专家，这也是新世纪对翻译人才的需求。

（2）树立起终身学习的观念

终身学习的观念，是将学习贯穿到人的一生之中，形成一个连续不断的学习系统。而且要把学校学习，拓展到家庭学习和社会学习，形成一体化的学习体系。在中国终身学习的思想很久以前就已经出现雏形，论语中更是体现出了孔子终身学习的思想。在国外古代的哲学家和教育家中也包含着终身学习的思想，随着时代的发展，终身学习成为新世纪的概念，对大学生提出了全新的要求。英语专业的学生更是要在接受高等教育期间掌握翻译所需要的工具性知识和学习技能，形成综合性和整体性较强的学习方法和学习结构，从而提高自身的翻译能力。

（3）树立起数字化学习的观念

21 世纪是网络信息时代，数字化媒体已经成为人们学习交往的重要工具，同时数字化媒体也带来了丰富的学习资源，其中数字化图书馆、互联网、数字化光盘、网络讨论区等，具有形式多样化、获取时效性较强等特点。这些都让学习成为一种自主、平等的选择，为学生提供了方便快捷的工具。因此在网络信息时代，高校学生要学会利用数字化媒体进行学习。比如，英语专业的学生，可以利用网络和国外的朋友进行在线交流，提高自己的词汇量，了解外国人的语言习惯，在翻译过程中也能够更加顺利，准确性也会逐渐提高。

3. 从高校的层面来讲

（1）明确培养目标，营造良好育人环境

在未来，学习化社会将会成为发展的新趋势，学习会成为人们生活的重要组成部分，也是人们生存发展的关键手段，因此能否树立起正确的学习观，将会影响到学生未来的发展。除了教师和学生，学校是影响学生学习观形成的重要外在因素，首先学校要明确自身的人才培养目标，这也是学校教育的首要任务，人才培养的质量是高校生存和可持续发展的关键，只有保证培养出来的人才符合社会需求，就业顺利，才能够形成良性循环，学校定制人才培养目标应该凸显出特色。以英语专业为例，想要让培养出来的学生脱颖而出，在社会上拥有一席之地，就要使其具有独特的优势，形成自身的核心竞争力，就要从国家经济发展的需求出发，按照社会和经济发展的需求设置具体的专业，比如可以设置商务英语、旅游英语等专业型、复合型和应用型的专业，为区域和地方的发展培育高素质人才。

（2）加强思政教育，注重学生三观教育

兴趣和需求会调动人的学习积极性。能够驱动大学生学习的动机大多数属于较低层次的直接性动机，对于时代使命感和责任感等远景性动机相对较弱。因此高校要加强思政教育工作，注重对学生世界观、人生观、价值观的教育，利用马列毛思想和多年来中华民族的优秀传统文化，教育学生形成远大的理想，引导学生构建出正确的人生观、价值观和世界观，还要让思政教育工作渗透到学校的各项工作中。

（3）加强校园文化建设，充分发挥自身作用

校园文化是一所学校思想的总和，它包含着全校师生的思想修养、道

德修养和价值取向。强化校园文化是从文化的视角来影响学生的学习观，具有一定的介入作用，而且这种非强制性的介入更容易为大学生所接受。积极向上的高校校园文化有利于大学生的思想健康，同时体现高校的魅力。以班级为例，班级是高校的基本单位，班风的好坏会对班级整体和个体的发展造成影响，因此必须要组建健全的班集体，保证班级发展方向正确、目标明确、机构健全，保证组织性、纪律性，以此保证班级的个体在一定的约束下展开校园生活。①

（三）转变传统教学模式

高校教学模式是否合理会影响英语翻译教学的好坏。教学模式的合理性表现在以下几个方面：第一体现了“以人为本”的现代教育观，在教学过程中，教师应自觉地把“以人为本”作为指导思想，发挥学生的主观能动性。第二是为不同层次的学生提供多种类型的翻译选修课程，既有基本型的翻译原理和技能选修课，也有综合型的多种翻译方法选修课。第三是教师在教学过程中要及时获取学生的反馈信息。

（四）培养学生自主学习能力

1. 建立人本主义的翻译培育理念

想要培养学生的自主学习能力，首先就要建立起人本主义的翻译培养教育理念，教师要深入理解人本主义理念的精神实质，主要体现在以下几个方面：第一，人本主义追求的最终目标是人的不断完善，为人在能力、活动、生活等方面的发展提供了充分的、自由性较高的空间，以此将人的不断发展、不断完善作为追求的最终目标。第二，人本主义的核心是尊重人的主体性，主体性是人最根本也是最深刻的性质之一，只有当人在具有一定主体性的情况下，才能够最大程度地发挥人最根本的力量，实现人的全面发展。第三，人本主义的理念是人的生存发价值取向，强调尊重人、解放人、塑造人，在人与自然的关系之上，提高人的生活质量。教育发展也该如此，以学生为本、以教育人为本，在培养学生翻译能力的过程中，始终以“培养自我实现的人”为教育目的，坚持“以学生为中心”的教育

① 黄丹丹，王娟. 翻译能力的构成以及培养研究［M］. 西安：西北工业大学出版社，2020：183.

过程，从“真实问题”入手，注重学生的“自主评价”。在教学课堂中，尤其是语言课堂教学中，更应凸显出以人为本的学生主体观：英语语言教学的实践性很强，而翻译在其中又是综合性较强的部分，因而，教师更要在教学过程中运用“以人为本”的教学理念，鼓励学生积极地投入各种学习活动和交流活动中，提高学生的学习兴趣，让学生成为学习的主角，学生才能够最大限度地提高自身的英语语言能力，吸收西方语言文化中的背景知识和其中的精髓，养成良好的学习习惯，形成自主学习的能力。比如，在教学过程中，要给学生提供良好的学习氛围，创造出最好的教学条件，让学生能够达到最佳的学习状态，实现全面协调的发展。在教学中，教师应立足于听、说、读、写、译这五大基本语言技能，明确不同技能之间的关系，帮助学生提高翻译能力，利用讨论式、案例式、方案式、启发式教学，综合现代多媒体教学手段，提高学生语言的实际运用能力，教会学生如何“翻译”。此外，培养学生自主学习的能力，还能够实现长远的教学目标，让学生对自身的学习产生责任感，提高学生学习英语的自主性，让学习更加主动、有效持久。

2. 培养学生的认知主义学习策略

自主学习的基本特征，直接决定了学生需要采取的学习策略，在自主学习中的基础策略是一个动态的有机系统，可以分为认知策略和策略，在学习方法中涉及理解、处理、记忆、提取等几个方面。学习必须要在认知、元认知的作用下，才能够发挥出有效作用。无论是学习还是工作，想要调动相关人员的主动性，就必须要让相关人员从心理上对学习或者工作产生认同，认知主义学习理论的重点在于强调学习者的主观能动性，对学习中可能产生的意识活动尤为注重，格外关注学习过程中的准备活动。学生的学习效果，不仅需要个体努力，还需要进行外部的刺激，学习的能力水平、知识储备、认知方法和认知因素的优势格外需要重视，在强调学生主动性和积极性的过程中，也要让学生能够合理地激发自身的潜力，养成良好的学习动机和学习能力，让学生在翻译课程的学习中，还能形成一种创造性精神。首先应该激发学生的内在动机，让翻译不再成为阻碍学生英语成绩提高的绊脚石，英语是一门语言类学科，而兴趣是学习最好的老师，因此在开始阶段教师就要注重对学生兴趣的培养，为其今后的学习生活奠定基础。比如，如果学生对外国的风俗文化感兴趣，就会对外国语言感兴趣，继而在学习过程中，能够提高注意力和积极性，主动地参与到学习过程中，达到预期的学习目的。除此之外，培养学生的认知主义策略中，还可以让学生积极的自主监控学习，一切事物的认知要经过自主参与和探究来完成，因此在培养学生翻译能力的过程中，应该让学生通过“自我监控—自我检查—自我诊断”这个过程，反省自己在学习中所追求的目标是否符合自身的实际情况，继而满足学生的成功感，提高其学习积极性，通过这种方式，还能够提高学生的语言思维，形成一定的认知策略，继而提高其认知能力。

3. 建立大学英语翻译自主学习的保障体系

想要培养学生形成良好的自主学习能力，就要确保自主学习能力的持续发展，传统的大学教学策略正在逐渐发生转变，学生和教师都要做出积极的调整，适应自主学习的教学模式，因此就需要构建大学英语自主学习保障体系。

自主学习直接关系到学生最终的学习情况，但是在自主学习的过程中，学生可能会受到各种因素的影响，因此必须要构建相应的保障体系，保证学生自主学习的效果。利用保障体系协调相关因素，保证自主学习在大学英语翻译教学中发挥出自身的作用。自主学习保障体系的能否发挥作用取决于三个层面，分别为：第一，自主学习的主体参与者能否在自主学习过程进行学习效果的监控和评估；第二，教师在自主学习中的角色定位；第三，学生自主学习态度和策略的培养。通过对上述三个层面采取有效的保障措施，就能够从根本上保证自主学习的高效开展。

首先，自主学习并非是脱离教师、教材等因素的独立学习模式，教师并不能够完全任由学生进行无目的学习，教师有责任也有义务对学生的自主学习进行教学监控和评估。这也是教学过程中最为重要的环节，能够帮助教师了解到教学的整体状况，并且根据学生反馈回来的具体数据，对教学工作进行调整，帮助学生对学习情况进行阶段性的总结，弄清楚症结的所在，明确学习方向。教学监控可以分为学生的自我监控和教师监控，作为最常见的检测手段，通过评估测试的结果，教师能够了解到学生存在的不足，改进自己的教学方法。一般情况下，高校英语的翻译课程和其他很多课程没有区别，都采用了终结性评估的方式，但是语言课程的自主学习过程本身就具有动态性这一特点，加上翻译能力受较多变量的影响，仅仅凭借终结性的评估方式，并不能够反映出学生自主学习能力的变化。因此在自主学习的过程中，教师应将关注点放在自主学习的过程中，在原有评估体制的基础上，加入形成性评估模式，并且随着自主学习进程的深入发展，逐渐降低终结性评估的比重。不仅如此，教师还需要明确自己在自主学习中的角色，在传统的教学模式中，教师是教学环节的主导者，学生是教学活动的被动参与者，被动接受着教师传递过来的信息。在这样的情况下，学生的翻译技能没有得到明显提升，而随着自主学习模式的推广，师生地位发生了变化，学生在课堂上占据了中心地位，教师反而成为教学活动的组织者，但是教师依然是教学过程中参与的主体，必须发挥出自身的角色作用。最后，要构建出自主学习的培养机制，以学生翻译能力的培养为中心，在传授知识的同时，引导学生建立学习自主性，进行创新性学习。

（五）加强师资队伍建设

当前，许多高校的英语教师都研究语言和文学，一旦让其进行翻译教学就会暴露出他们在翻译方面缺乏理论知识的弊端。在此背景下，有必要对大学英语教师进行继续教育。在大学英语教师的继续学习中要重视中西方翻译理论、翻译历史以及翻译技巧的学习。英语教师要不断进行自我教育，提高自己的职业素养，不断适应新的时代要求。目前，很多英语教师都感觉自己在英语上得心应手，但缺乏汉语方面的知识，这就要求英语教师不仅要有高超的英语水平，还要努力提高汉语水平。同时，英语教师也应该对各个国家的文化有一定的认识，能在课堂上为学生讲解其他国家的文化背景。

（六）提高学生语言的综合能力

要提高学生的翻译水平，首先要转变他们过去对翻译的误解，其次要端正他们的学习态度。在英语教学中，学生对英语教学的态度如何将直接关系到他们未来翻译学习的效果。在高校英语教学过程中，教师要注意拓宽大学生的词汇量，提高他们的翻译能力，并对各种英语文本进行不同的翻译技能和方法的讲解，从而提高他们的翻译水平。以英汉文化背景知识为基础，加强学生对语境语义的学习与了解。通过对英语和母语的深入学习，理解它们的基本含义，特别是它们之间的差异能有效提升学生的翻译水平。比如在使用翻译字典时，字典只能提供符合原文意思的标准注释，但是英语词汇只有放在特定语境下去翻译和调整才不会造成句子僵化，或者出现错误。同时，学生也应该充分运用课外时间来丰富相关的翻译理论，从而更好地完成对原文的翻译。

高校英语课程改革旨在改善大学生的知识结构，提高大学生的英语应用水平，而翻译水平是大学英语课程改革中学生英语水平的具体表现形式之一。翻译理论是学生进行有效翻译的基础，学生只有掌握好翻译规律才能更好理解原文内容，真正学会翻译。在高校英语翻译课中增加翻译理论有利于培养学生的翻译观念，开阔他们的眼界，从而使他们更好地运用翻译理论来进行翻译。在翻译教学中，教师要正确看待翻译理论、翻译策略和翻译技能之间的关系，重视培养学生获取、掌握和应用知识的能力，充分调动学生的主观能动性，在教学中采用多样的教学方法。学生则要多读汉语经典著作，提高汉语的文化素养，同时，要通过实际操作和积极思考来提升自己的翻译水平。在理论指导下结合适量的翻译实践，学生的翻译能力一定可以得到很大的提高，高校英语翻译教学的尴尬境地也会因此得到改观。①

① 王磊. 高校英语教学转型发展研究［M］. 长春：吉林人民出版社，2019：125.

第二章　语言学视角下的英语翻译教学探索

运用语言学可以使译文更加规范、更加明确。过去中国的翻译界对同一部作品的态度是不同的，有人视其为经典之作，有人则嗤之以鼻，不屑一顾。但是我们可以通过语言学知识，规范翻译评价。现在，语言流派在全国范围内都是一片欣欣向荣的景象，并将成为未来翻译教学发展的动力源泉。

第一节　语言学基础知识

语言学是研究语言的本质、结构和发展规律的科学。现代语言学揭示了人类语言的深层结构，对语言和语言交际做出了客观、科学的描述。

一、语言学的分类

按照不同的分类标准，语言学会有不同的分类结果。

（一）根据研究方法划分

根据研究方法的不同，语言学可分为历时语言学和共时语言学，二者是由索绪尔提出的。

历时语言学主要研究语言随着时间的前进而产生的发展和演变，是动态的、不稳定的；共时语言学主要研究在某一个特定时段下语言的状态，是静态的、稳定的。语言学家对语言进行静态研究时也要考虑到历史的演变，也就是说，共时语言学的背后有历时语言学的影子。若要将语言放在历史演变的角度下进行动态研究，就需要知道语言在一个共时平面下的状态，即历时语言学需要共时语言学提供素材，需要研究共时语言学中存在的现象。遗憾的是，很多语言学资料被淹没在了历史的长河中，后辈们需要运用一定的技能和特别的方法才能推断出这些语言资料的来龙去脉。因此，历时语言学与共时语言学相互联系、相互制约。单单从共时的角度或者历时的角度看，很难看到语言的全貌，也就难以发现语言发展变化的规律性，所以需要将两种研究相互结合。

（二）根据研究范畴划分

根据研究范畴的不同，语言学分为微观语言学与宏观语言学。

微观语言学研究语言系统内部的具体问题，如语音系统、语法范畴、语义系统等，因而从微观的角度可以把语音分为发声语音学、听觉语音学和声学语音学。与之对应的是，宏观语言学是研究如何建构人类语言的系统模型，从而解释语言的运行机制。人类语言学、社会语言学、心理语言学和计算语言学等都属于宏观语言学。其中，人类语言学始于 20 世纪初期，是凭借语言学和人类学的研究方法，研究语言结构和社会文化结构之间的关系。社会语言学是指运用语言学和社会学的研究方法，从社会科学的不同角度探索语言的社会本质的一门学科。心理语言学是研究语言交际和人类心理活动的学科，它涉及如何运用语言系统以及为了运用该系统需要的知识储备。计算语言学是研究如何运用计算机技术来分析、处理人类社会中自然形成的语言的一门学科。

（三）根据研究范围划分

语言学按其所涉及的领域可分为个别语言学与普通语言学。个别语言学是研究某一具体语言，比如日语研究被称为日语语言学，英语研究被称为英语语言学。普通语言学是对人类语言的共性进行研究。普通语言学可以指导个别语言学的研究，而个别语言学的详细研究又为普通语言学提供了丰富的理论素材。

（四）根据研究层面划分

理论语言学和应用语言学是相互对应的一组概念。语言研究有多种范畴，既有理论层面的，也有应用层面的。

理论语言学主要侧重于发现语言现象背后的一般规律，从而揭示语言发展变化的机制。理论语言学关注的是语言的内部结构。理论语言学包括普通语言学、语言哲学等。

应用语言学是研究如何将语言运用到实际生活的方方面面。应用语言学关注的是语言的应用问题，如语言教学法的问题、语言与社会的关系问题、语言政策的问题等。应用语言学包括计算语言学、神经语言学、教育语言学等。①

二、语言学研究范围

应用语言学是一门跨学科的科学，几乎涵盖了所有涉及语言的领域。狭义的应用语言学仅限于语言教学和学习的研究。从广义上讲，应用语言学涵盖了所有问题驱动的与语言相关的领域，其研究范围从应用语言学研究的重要议题可见一斑。②

（一）内部语言学

内部语言学研究言语体系中语言的组织以及语言的内在系统。比如，横向组合关系、关联聚合关系等。它的研究对象是一个整体，遵循严密的、同质的分类原则。

目前对内部语言学的研究主要分为语音、语义、语汇、语法等几个研究部分。比如说，可以从共时的角度对这些部分进行描写，描写它们在某一时期的情况，或者是从历时的角度来探索它们的历史演变过程，或者是进行一定范围内的语际间的比较，从而探索分析其演变过程。通过这些研究，我们可以了解到语言各要素演变的规律和方式，有助于我们进一步理

---

① 纪旻琦，赵培允，马媛. 英语语言学理论与发展探究［M］. 长春：吉林大学出版社，2020：26.

② 张庆宗，吴喜艳. 新编应用语言学导论［M］. 武汉：武汉大学出版社，2019：10.

解和认识语言。

内部语言学的研究范围相对于外部语言学来说是狭窄的，语言学的核心当然是“本体语言学”，即研究语言的语音、语汇、语法结构，研究语言的演变规律，研究语言之间的共性和语言的类型等，这些研究是语言学的基础，但是这些研究是远远不够的，语言系统的产生、演变和发展无不和语言之外的许多其他因素有着互动的关系。

（二）外部语言学

外部语言学又称宏观语言学，指与语言学相关的边缘学科，如社会语言学、心理语言学、文化语言学、人类语言学、地理语言学、神经语言学、实验语言学以及计算语言学等。

语言学的传统伙伴绝大多数是人文科学，包括文学、社会学、历史学、地理学、考古学、心理学、哲学、逻辑学等。语言学和人文科学结合产生了许多交叉学科，如文化语言学、人类语言学、地理语言学；语言学和社会科学结合产生了社会语言学、法律语言学、政治语言学、伦理语言学、商业语言学等，这些交叉学科赋予了语言学新的生命力。而今，语言学的关系网又在向科技方向拓展，其又与数学、信息论、电子学、医学、符号学、情报学、通信技术、计算机科学、自动化技术等产生了密切的联系。

三、语言学的作用

语言学理论是人们经过对语言的分析研究而形成的对语言性质、功能、结构的系统认识。理论的作用在于指导实践，语言学的作用体现在以下几个方面。

（1）指导我们学习语言、运用语言和研究语言。在学习一门新的语言时，语言学理论可帮助人们掌握规律，举一反三，触类旁通。即使是已经熟练掌握了的语言，人们在应用时，仍然会有使用效果和水平上的不同，而语言学理论可指导人们精确、恰当地发出或选择接收言语信息。（2）提高对语言作品的分析和鉴赏能力。语言学可帮助人们从较高层次上来理解文学作品。（3）有利于科学技术的现代化。语言作为传递信息最重要的载体，在推动科学技术实现现代化的过程中发挥着重要作用。计算机对自然语言的处理，已成为全球最热门的课题之一，要在这方面有所开拓、有所前进，也有赖于语言学提供理论指导和科学方法。

四、语言学与其他学科的关系

语言现象十分复杂，语言学家对语言性质的解释各不相同。随着语言学家们对语言学研究的不断深入和广度的不断增加，语言学已经逐渐跳出了语言的框架，而与其他学科表现出一定的融合性。认知科学、信息科学、教育学和社会科学是和语言学联系较为紧密的学科。

（一）语言学和认知科学

语言是一种心理符号，因此它与人的心智开发有密切联系。而认知科学就是研究人脑或心智工作机制的一门新兴学科，所以语言其实是认知科学探索的重要内容。如果不和认知科学相结合，就无法对语言学进行深入研究。因此语言学和认知科学的交叉形成了认知语言学，它认为语言必须从心智层面进行解释。由此可见，认知语言学的存在是必然而且合理的。

（二）语言学和信息科学

语言是人类的交际工具，它携带着诸多信息。而信息科学是研究信息的获取、传递、加工及应用的一门综合性科学，因此，语言如何传递信息、使用不同语言的人们如何进行互动交流、智能化的机器如何与人类沟通、人类如何传递有效信息等一系列问题无疑让语言学家和信息科学家进行更深入的思考。机器翻译技术、人工智能技术、语言信息处理技术、网络与多媒体技术等正成为人们研究的新领域。随着社会文明程度的提高，语言学与信息科学的结合将指日可待。

（三）语言学与教育学

关于语言是如何产生、发展和运行的，语言学界仍存在着不同结论。语言教学工作者一直在思考的问题是语言教学到底该如何开展。无论是语言的先天主义者还是后天主义者，都不得不承认第一语言和第二语言的学习都是一个循序渐进的过程。因此，作为语言教学工作者，要了解语言运行的普遍规律，掌握人类发展阶段的规律性，只有如此，才能有的放矢，选择科学合理的语言教学方法。相应地，也就出现了语言学习理论和教学理论的研究，如外语教学法、二语习得等。

（四）语言学与社会科学

社会科学是对人类社会中各种现象、问题进行研究的一门科学。语言作为交际工具，具有社会属性。所以，研究语言离不开社会科学的支持。社会科学包含的范围很广，有经济学、法学、伦理学、政治学、历史学、心理学、教育学、管理学、社会学、新闻学等，因此才有社会语言学、心理语言学的存在。社会语言学是从不同的社会角度去研究语言的运行和应用规律的学科，既要运用社会科学的研究方法，又要运用语言学的研究方法。

五、英语语言学

（一）英语语言学的主要分支

一般来说，语言学至少应该有 5 个分支：语音学、形态学、句法学、语义学和语用学。下面分别介绍这几门语言学的主要分支。

1. 语音学

语音学（phonetics）研究语音，包括言语的产生（即语音是如何产生、传递和接收的），还有语音的描写和分类、词语和连贯言语等。一旦决定对言语进行分析，可从不同层面着手。在一个层面上，言语分析涉及解剖学和生理学。由此研究舌头、喉等器官以及它们在言语产生中发挥的作用。在另一层面上，人们专门研究这些器官产生的语音：先是辨认，然后将其归类。这是发音语音学（articulatory phonetics）的范畴。另外，也可以研究音波的性质——声学语音学（acoustic phonetics）。言语是要人听、要人理解的，因此就要研究听话人的分析和处理声波的方式方法——听觉语音学（auditory phonetics）。

2. 音系学

音系学（phonology）研究语音和音节的构成、分布和排列规则。它的研究对象是语言的语音系统，研究起点是音位。音位（phoneme）是语言学中能够区别意义的最小语音单位。英语中约有 45 个音位。把/p/读 10 次，由于生理原因，每次的发音都会有些细微的不同。另外，/p/在 poor 和 soup 中的读音也不同，这是因为周围语音的影响不同。不过，每个/p/音还是相似的，不会和其他音位如/b/或/m/混淆。

语音学研究的是人类能够产生的语音，而音系学研究的是组成语言和意义的语音子集合体。前者研究的是无序状态，后者侧重有序。

3. 形态学

形态学（morphology）涉及词的内在结构。它研究最小的意义单位——语素以及词的形成过程。很多人认为词是语言最小的意义单位，而事实上，很多词都可以再分解成更小的单位——语素。语素有多种用途，比如：有的改变意义或者词性从而产生新词；有的给已存在的词义增添语法信息或做细微的修正。由于语素是音义结合体，因此其中有不少复杂情况。由此产生了一个名为形态音系学的新领域。

语言对形态成分的依赖程度不同，例如在拉丁文中，意义是通过词尾形态变化而改变的。而在英语中，更多的是利用词语的顺序来改变意义。如 the dog sees the rabbit（狗看到兔子）。改变词语排列顺序后，该句变为 the rabbit sees the dog（兔子看到狗），句义随之发生变化。在拉丁文和俄语中，dog 和 rabbit 两词根据它们在句中是主语还是宾语分别添加不同形态的词尾，因此即使改变位置也不会影响到句子意思。

4. 句法学

句法（syntax）是关于形成和理解正确英语句子的原则。句子形式和结构受句法规则支配，这些规则规定词语顺序、句子组织、词语间关系、词类及其他句子成分。众所周知，词语组成句子结构靠的并不仅仅是顺序。

语义学（semantics）研究的是语言中语义是如何编码的。它涉及的不仅是作为词汇单位的词语意义，还有语言中词之上和词之下成分的意义，如语素意义与句子意义。关键概念有语义成分（semantic components）、词的外延（denotation of words）、词之间的意义关系（如反义关系 antonymy 和同义关系 synonymy），还有句子间的语义关系（如蕴涵 entailment 和预设 presupposition）等。

语用学（pragmatics）研究语境中的意义，它处理的是特定语境里的特定话语，尤其注重社会语境对话语理解的影响。换言之，语用学研究的是语言交际的方式，而不是语言构造的方法。

语用学视言语行为首先为一种受社会习俗约束的社会行为。关键概念有所指（reference）、语力（force）、语效（effect），语用学是语言学研究中最有前途的领域之一。以会话为例，由于语言主要通过语码传递，所以语用规则控制一定数量的会话互动，如顺序结构、角色、言语行为等。会话组织包括轮流讲话、打开话题、会话持续及结束会话，还有建立及维持话题等。

（二）英语语言学的研究

英语语言学的研究可以分为三大类，即基础研究、应用研究、交叉研究。

1. 基础研究

基础研究主要集中于语言的基本面貌上，从研究对象的范围来看，英语语言学可以分为一般语言学和具体语言学。其中，一般语言学的研究对象是人类所有的语言，主要着重于对语言的本质和共性进行探讨，目的是找到语言的普遍理论；而具体语言学仅研究某一具体的语言，如英语、汉语、法语等。

英语语言学按研究对象所处的时代可划分为共时语言学与历时语言学两种。共时语言学也就是所谓的“静态语言学”，它以静态为基本特征，侧重于研究语言的构造，是一种从横向角度对语言进行分析的方法，比如现代法语、近代汉语等；历时语言学也被称作“动态语言学”，它以动态性为特征，侧重对语言发展演化过程和规律的探讨，是一种从纵向角度出发对语言进行研究的方法，比如英语和汉语的发展历史等。

另外，有些学者还从研究方法上对英语语言学的研究进行了探讨。例如，用对比的方法来研究不含有亲属关系的语言，这就是对比语言学、转换生成语言学、结构主义语言学的研究范畴；用比较的方法来研究含有亲属关系的语言，这就是历史比较语言学的范畴。

除此之外，英语语言学的基础研究对象还可以是从语言的子系统或者某一方面出发进行的研究，如语音学、音系学、形态学等。

2. 应用研究

应用研究又被称为“应用语言学”，应用语言学运用语言学的基础理论、语言学的研究方法及研究成果来解释其他领域中的语言问题。①

应用语言学将语言教学作为研究的重点，因此狭义层面上的应用语言学就是语言教学。语言教学主要包含母语教学、第二语言教学、对语言障碍者的康复与语言诊疗。此外，文字的改革与创新、词典的编纂、特殊人群的特殊语言代码、语言文字翻译等也都属于应用语言学的研究范围。

随着计算机科学、情报学的发展，目前，人机对话、信息情报的管理与检索、人工智能等先进领域也已经被纳入了应用语言学的研究范畴。可见，应用语言学的研究领域越来越大。

3. 交叉研究

当前科学发展的一大潮流就是学科之间在不断地进行渗透。交叉学科的产生成了当代科学的一个明显标志。传统英语语言学与许多学科是紧密联系的，如社会学、逻辑学、文学、地理学、文化学、哲学等。但是现在的英语语言学又与一些新兴的领域产生了联系，如医学、计算机学、数学、情报学等。前面那些都属于人文科学，而后面这些新兴学科都属于科技领域。

与人文科学领域的学科相融合，英语语言学创造了一大批交叉学科，如社会语言学、逻辑语言学、文化语言学、语言哲学等；与科技领域的学科相融合，英语语言学又创造了数理语言学、计算机语言学、病理语言学等学科。

综上所述，上述三种英语语言学的研究领域并没有一个明确的分界线。例如，应用研究与交叉研究离不开基础研究。因此，英语语言学的各种研究虽然有类型与层次上的差异，但是没有谁高谁低的分别，我们对任何研究都不能予以夸大或者贬低，应平等对待。

（三）英语语言学的发展趋势

1. 全球化发展趋势

随着全球化的发展，英语作为一种世界通用语言，也成为世界各国之间交流沟通的一种工具。近年来，中国对英语语言学的研究开始逐渐深入，同时人们对英语专业人才培养的关注度日益提高。因此，当前相关研

① 吕兴玉. 语言学视阈下的英语文学理论研究［M］. 长春：东北师范大学出版社，2017：24.

究者与高等教育工作者对英语语言学的研究逐渐呈现出多维化趋势。通过对英语语言学展开跨学科、多维视野的深入研究，可以帮助学习者认识英语中包含的一些规则，也可以促进对英语的进一步学习和运用。①

随着社会的不断发展，英语语言学也将变得更加多样化。英语语言学的全球化发展是必然的，但它的全球化并非为了适应殖民者的需要，而是为了适应未来的人类交流。对于非英语国家来说研究英语语言学有助于他们与英语国家进行沟通和交流，帮助他们了解英语国家的政治形态、风俗文化、经济发展、社会历史等内容。

2. 多极化发展趋势

英语语言学还会朝着多极化的方向发展。与以前的语言学不同，将来的英语语言学已经不能用传统的英语语言学来衡量，即未来的英语语言学正在朝着多元化的方向发展，试图打破传统英语的束缚，把人类带到一个全新的语言世界。

多元化的英语为各个国家和区域的发展提供了更多的机遇，但它并没有规定所有的人都必须遵循英语的语言规律，而是让每个国家都能根据自己的实际进行差异化使用，这就是为什么英语能够被越来越多人所认可和应用的原因。

第二节　基于应用语言学的英语翻译教学探索

一、应用语言学的定义与特点

（一）应用语言学的定义

应用语言学有狭义和广义之分。狭义上的应用语言学专门指的是第二语言教学，而广义上的应用语言学则是运用到各个实践领域的语言学，也就是将语言学的研究结果运用到所有领域。应用语言学，简而言之就是对

① 栾蔚，邱美英. 英语语言学研究的多维视角探析［J］. 现代英语，2022（14）.

语言本体及其与相关领域之间的联系进行研究。

（二）应用语言学的性质和特点

1. 应用语言学的性质

作为人类最重要的交际工具，语言伴随着人类的产生而产生，也随着人类社会的发展而发展。人们对语言应用的有关研究很早就开始进行了，如字母及文字的创制和选择、语言教学（包括第二语言教学或外语教学）的理论和实践、标准语的确立和规范、字典和词典的编纂、语言与社会文化关系的探讨等。应用语言学专注于对语言应用的种种问题的研究，应用语言学作为学科，是跟语言本体研究、理论语言学（普通语言学）相对应的。

2. 应用语言学的特点

作为从 20 世纪 60 年代发展到今天的一门学科，人们对应用语言学的认识越来越明确，应用语言学已经成为一门比较成熟的语言学分支学科，形成了自己的理论和方法体系。总体来看，应用语言学有学科的综合性、相对独立性、实用性和实验性等特点。

（1）应用语言学具有综合性的特点

应用语言学是按照特定的研究对象和目标与其他学科进行联系，因此，进行应用语言学研究时既要有语言学的知识，又要有相关的学科知识。如：研究语言规划离不开政治学、民族学理论与方法的指导；语言教学研究要汲取教育学、心理学、教育测量学、学科教学论等学科的理论和方法；研究社会语言学需要社会学、文化学、人类学、统计学、心理学等学科的理论和方法；研究计算语言学当然要跟计算机科学、数理逻辑、人工智能、信息论、控制论等学科结合。正因为应用语言学在不同领域跟不同学科的结合，才产生了应用语言学的许多下位学科，如心理语言学、病理语言学、社会语言学、神经语言学、计算语言学、人类语言学、语言风格学等。因此，对应用语言学学习和研究，除了需要掌握语言学的知识和理论方法外，还需要一些其他学科的知识，与之相对应，应用语言学的研究人员是一种复合型的人才，其成长和培养需要多学科的合作。

从这个意义上讲，应用语言学具有跨学科的性质，是一门多边缘的跨学科的综合性学科。应用语言学应该尽可能地找到与其他学科合适的连接点，发挥出综合性、多边缘、跨学科的优势，从而使其能够获得持续发展。

（2）应用语言学具有学科的相对独立性

为更好地研究应用语言学，人们成立了全国性和国际性学术组织，创建了大量专门的研究机构，出版了大量的教材、研究论著，创办了专门的研究刊物，拥有相当数量的专门研究人才，有自己独特的学科基础。应用语言学有明确的研究对象，形成了像语言教学、语言规划、社会语言学、心理语言学、儿童语言学、语言信息处理、神经语言学、词典学等几个较为成熟的下位学科；有明确的研究任务，研究语言学在实际问题中的应用；形成了专门的应用语言学专业和课程，国内外许多大学和研究机构设有应用语言学系，招收应用语言学的本科生，更多的大学或研究机构招收应用语言学及其相关研究方向的硕士或博士研究生，以培养后备人才。因而，应用语言学是语言学中一门相对独立的学科。

（3）应用语言学具有实用性的特点

应用语言学以实用性作为其存在和发展的基本条件，以语言学在社会生活中的实际应用，各种实际的语言问题的解决为目标，如指导和帮助语言教学、语言规划、语言信息处理、翻译、词典编纂、速记等。而应用语言学的各主要分支学科，如语言教学、计算语言学、社会语言学、心理语言学、神经语言学、儿童语言学等，也都是为了社会的实际需要服务的。可以说应用语言学直接推动了语言学在社会生活中的实际应用。①

（4）应用语言学具有实验性的特点

应用语言学要解决语言运用的实际问题就离不开调查和实验，比如调查和分析语言教学或第二语言教学的对象、语言自身的特点、中介语现象、教学效果等，要想明确语言教学的新方法是否有效，就要进行相应的实验，提取必要的分析数据，得出科学的结论；进行社会语言学研究还应进行必要的社会调查；进行语言规划要对语言文字使用者的状况、语言文字自身的特点和现状、语言规划的目的和效果等问题进行调查和研究；进行语言信息处理研究，必须懂得如何使用计算机做各种实验等。

调查和实验是应用语言学研究的重要方法，调查通常包括观察调查、访谈调查、问卷调查（包括网上问卷调查）等；实验则是神经语言学、语

---

① 邓林，李娜，于艳英. 现代英语语言学的多维视角研究［M］. 北京：地质出版社，2017：177.

言教学、计算语言学、社会语言学等领域的常用研究方法。无论是调查还是实验，都要对材料、数据、结论进行统计、比较和分析，因而比较的方法和统计的手段在应用语言学中较为常用。通过比较可以考察出相近或相关现象之间的异同，统计手段的运用则可以使研究的结论达到定量和定性的统一，从而保证结论的可靠性和科学性。

当然，应用语言学没有理论和方法的指导不可能成为一门学科；没有理论和方法以及研究手段的更新和发展，应用语言学也不可能取得进一步的发展。不过，从相对理论语言学或普通语言学来说，应用语言学的实用性和实验性的特点更加突出一些。

二、基于应用语言学的英语翻译教学方法

（一）翻译策略法

这里的翻译策略主要是从文化角度来分析的，因为翻译与文化密不可分，译者在翻译过程中需要掌握一定的文化翻译策略，如此才能灵活处理文化问题，避免产生误译甚至错译等，造成不良后果。具体来说，主要有以下几种策略，教师在翻译教学过程中要多引导学生进行练习。

1. 归化

所谓归化策略是指对源语表达形式进行省略，替换成译入语的地道表达形式。例如：

Both of them always go Dutch at the restaurant.

他俩在饭店一向各付各的。

上述这句话如果直接译为“他俩在饭店一向去荷兰。”会让译语读者不知所云，go Dutch 在原文中是带有文化色彩的词语，荷兰人喜欢算账，无论和别人做什么事，都要同对方把账算得清清楚楚，因此逐渐形成了 let’s go Dutch 这一俗语。而采用归化策略可使译文读起来比较地道和生动。

2. 异化

异化策略是指译者保留源语的文化以及尽量向作者的表达方式靠拢的翻译策略。例如，一些词汇原本在汉语或英语的语言系统中是不存在的，后通过异化策略翻译，使一些具有浓郁异国文化特色的词语不断被不同文

化背景的人们所接受，并广泛传播与运用。例如：

qi gong（气功）

kung fu（功夫）

tou fu（豆腐）

因特网（Internet）

酸葡萄（sour grapes）

再如：

The town's last remaining cinema went west last year and it's now a bingo palace.

这个城镇留存的最后一个电影院去年也倒闭了，现在它成了一个宾戈娱乐场。

在英语中，bingo 是西方国家为认识的人而设计的一种配对游戏的目的，从而更快地认识来参加聚会的人。翻译时，对其可以进行异化处理，运用音意结合翻译为“宾戈”游戏。

3. 归化与异化相结合策略

由于归化与异化是相对而言的，且二者各有优点，因此长久以来翻译研究者们对归化与异化孰优孰劣的问题一直争论不休。事实上，二者是对立统一的关系，都存在着各自的适用范畴。尤其是在翻译实践中，译者会发现，在一些语境中，仅仅采用归化或采用异化都是不可行的，都无法将源语的真实内容与意义传达出来，这时最好的办法就是将二者结合，即采用归异互补的策略。总之，要想成为一名好的译者，首先就需要在运用归化策略与异化策略时，找到二者之间的折中点，然后根据这一折中点，对原作进行仔细品读，进而采用合适的策略来进行翻译。当然，译者需要将原文的底蕴弄清楚，然后从翻译目的、作者意图等层面考虑，谨慎地对翻译策略做出选择，这样才能把握好翻译的分寸。例如：

I gave my youth to the sea and I came home and gave her（my wife）my old age.

我把青春献给了海洋，等我回到家中见到妻子的时候，已经是白发苍苍。

在翻译上述英文句子时，作者采用了归异互补策略。很明显，对 I gave my youth to the sea 这句话的翻译采用了归化策略，而对 I came home and gave her（my wife）my old age 这句话的翻译则采用了异化策略。如果仅仅采用归化策略或者异化策略，很难达到现在的效果，也很难让目的语读者理解原作的含义。

4. 文化调停策略

文化调停策略是指将一部分文化因素省略不翻译，甚至将全部文化因素省略不译，直接翻译其中的深层含义。例如：

回头人出嫁，哭喊的也有，说要寻死觅活的也有，抬到男家闹得拜不成天地的也有，连花烛都砸了的也有。

Some widows sob and shout when they are forced to remarry; some threaten to kill themselves; some refuse to go through with the wedding ceremony after they've been carried to the man's house; some smash the wedding candlesticks.

上述原文出自鲁迅先生的短篇小说《祝福》。在中国婚俗中，“拜天地”是一种特有的现象，且“天”“地”这两个字有着丰厚的文化内涵。在中国人眼中，“拜天地”就是所谓的婚礼。但是，如果用异化策略进行翻译，目的语读者显然是很难理解其真正含义的，因此将“拜不成天地”译成 refuse to bow to heaven an dearth 显然不合理，而采用文化调停策略进行翻译，如译文所示，就将原作的意象进行省略，而直接翻译出原作的深层含义，这样目的语读者就能真正地理解原作的内涵，也能够获得与原作读者相同的感受。

5. 文化对应策略

文化对应策略是指采用目的语文化中知名的事件、人物等，对源语文化中的内容进行解析与诠释。例如，在中国，梁山伯与祝英台的故事家喻户晓，但对西方人来说，根本不知道这二人到底是谁，也就无法对他们的故事产生共鸣。在翻译中，如果将其译为“罗密欧与朱丽叶”，那么西方人就很容易明白是什么意思了。例如：

济公劫富济贫，深受穷苦人民爱戴。

Ji Gong, Robin Hood in China robbed the rich and helped the poor.

上述译文在翻译“济公”时，后面添加了 Robin Hood in China 是很明智的。Robin Hood（罗宾汉）是英国民间传说中的英雄人物，他武艺出众、机智勇敢，仇视官吏和教士，是一位劫富济贫、行侠仗义的绿林英雄。显然，这一形象与中国的济公形象是类似的，因此将其译为 Ji Gong，Robin

Hood in China 很容易被目的语读者理解，且由于形象的相似性，还容易让读者融入原作之中，探寻原作的奥妙。

（二）图式法

图式指的是以相对单独的方式存在于人们头脑中的某些知识碎片，而对语言的理解实际上也是一个激发大脑中对应知识碎片的过程。按照图式理论，人从出生起就在与外部世界接触的过程中对自己身边的事物、情境和人物进行认知，与此同时还会在大脑中形成各种模式。在此基础上，通过对各种事件和情境的分析可以逐步建立起一套有序的知识体系。图式是人类大脑对外界信息进行整理的一种方式，它是人类对外界信息认知和理解的依据。所以，把图式引入翻译教学中能有效唤起学生脑海中与文本有关的图式，从而帮助他们理解原文。

在具体的翻译中，教师可以通过给学生提供一定的语言素材，并通过图式的激发使学生正确理解原文，并对这些材料进行翻译。同时，教师要帮助学生记忆语言的形式和功能，调动相关的图式，以帮助他们修正和充实对事物的认知图式。①

第三节　基于心理语言学的英语翻译教学对策探索

一、心理语言学概述

（一）心理语言学的兴起

语言的产生与理解、语言与思维的关系、语言学习的心理机理与过程是心理语言学的重要研究内容。心理语言学是一门将心理学与语料学相融合的交叉学科，它还包含了许多其他学科的内容，比如哲学、信息科学、

① 张丽霞. 现代语言学及其分支应用语言学的理论与实践研究［M］. 北京：中国大地出版社，2019：173.

社会学等学科的知识。

人们很早就开始了关于语言与心理关系的研究，从古希腊时期的柏拉图、亚里士多德开始，学者们就对语言与知识的关系进行过长期讨论。不过这仅限于古代哲学领域，与后来的心理语言学没有太大的关系。17 世纪，法国哲学家笛卡尔开创了认识论哲学，开始研究人们认识到的世界（精神世界），关注语言与思维（心灵）的关系。19 世纪，心理学得到了充分的发展，学者们更加重视语言与心理的关系，而且开始使用“心理语言学”这一术语。学者们开始比较人的语言与动物的语言，研究儿童语言和智力的发展、天生聋哑儿童的语言问题。不过这时的研究还只是属于心理学领域。19 世纪末至 20 世纪初，德国著名的心理学家冯特为心理语言学的形成做出了比较重要的贡献，他认为心理学和语言学有一种必然的学科关联。

心理语言学真正成为一门学科，是在 20 世纪 50 年代。1952 年，美国社会科学研究委员会成立了一个语言学与心理学委员会。该委员会于 1954 年在印第安纳大学召开了一次学术讨论会，会议成果结集为《心理语言学：理论和研究问题概述》，标志着心理语言学的正式形成（该书被称为“心理语言学的宪章”）。此后心理语言学得到了迅速的发展，作为一个学科分支得到了众多学者的关注。当时的心理语言学受行为主义心理学和描写主义语言学理论的影响较大，学者们认为言语行为和人的其他一切行为一样，也是对刺激的反应，其代表人物是美国心理学家奥斯古德。

（二）心理语言学的发展

促进心理语言学迅速发展的动力，主要来自语言学、心理学、信息科学和计算机科学。

乔姆斯基创立的转换生成语言学，极大地促进了心理语言学的发展。乔姆斯基认为，语言学应是认知心理学的一个分支，他的转换生成语言学就是要解释从思想到语言、从语言到思想的心理过程。他对行为主义、结构主义的批判，他提出的“先天的语言能力”等观点，开拓了一个百家争鸣的局面，促进了语言学与心理学的结合，对心理语言学的发展产生了极为重要的影响。

以皮亚杰为代表的现代认知心理学，是心理语言学发展的又一强大动力。皮亚杰根据其对人类认知能力的长期观察研究，认为人类并没有先天的语言能力，只有先天的认知能力。先天的认知能力和后天的客观环境相互作用，才能产生语言能力。皮亚杰的相互作用论与乔姆斯基的先天论展开了激烈的论争，促使心理语言学逐步走向成熟。

计算机科学的发展对心理语言学的发展也有重要影响。计算机的主要功能是处理信息，而且计算机所处理的信息，主要是语言信息。计算机处理语言信息与人脑处理语言信息既有相同之处，也有不同之处。计算机人工智能的研究，就是要让计算机模拟人脑处理语言信息的机制和模式，提高计算机的智能和灵活性。这就促使人们深入细致地研究人脑处理语言信息的机制和模式。反过来，心理语言学的研究结果，又可以让计算机进行模拟，并加以检验。这又成为心理语言学的一种新的科学研究方法。①

二、基于心理语言学的英语翻译教学策略

（一）图形/背景与心理突出

图形/背景（figure/ ground）是格尔塔心理家研究提出的概念。人类在与客观世界的联系中，往往利用感知的选择性将客观世界中的某一部分视为可感知的客体，并将这些客体与客观世界联系在一起。被选中的区域被称为图形，其余的区域被称为背景。认知语言学还将此一对概念与射标/界体（rajectory/ landmark）相提并论，并将其产生原因归根于突出原则。

将图形/背景理论应用于翻译教学中，可以将原文的图形/背景转化为译文的图形/背景，从而使得译文更加准确。但是这种转化方式有一定的范围限制。在某些隐性“意图性”的文本翻译中，虽然能够较好地再现文本的“信息性”，但也有可能偏离文本的“意图性”，从而影响原文的语义表达。所以在具体实践中要根据原文含义决定是否应用图形/背景。

图形/背景、心理突出对翻译教学的启示如下。

1. 区分原文中的突出，是突出主题还是强调突出抑或是中心突出。主题突出是指在话语中对所要传达的信息进行强调；强调突出是建立在说话者和听话者或是作者和读者之间，说话者和作者提供了一些让听话者和读

---

① 邢福义，吴振国. 语言学概论 第2版［M］. 武汉：华中师范大学出版社，2010：273.

者感到意外的东西；重心突出是在一个特殊的节点上选择特殊的材料来突显，有一定的范围限制。

2. 分辨出原文所强调的内容与衬托背景。例如文章是情感突出、语言突出还是形象突出。

3. 对原始文本中的信息焦点方式进行剖析，是非标签聚焦还是标签聚焦。

4. 确定原始文本中的变化范围，究竟是声音变化、词汇变化、句式变化还是篇章变化。

5. 在翻译时为重现原文的突显形式，可采用语篇信息的排列次序来凸显主题，深度描写突显素材来凸显中心，可采用“陌生化”等方法来凸显重点。

6. 当要表现原文中的突出内容时，比如情感突出、语言突出、形象/意象突出时，通常都要保持原文中的焦点、变化、修辞方式等，如果实在无法保持可以进行一些弥补处理。

（二）认知图式与语篇图式

图式（schema）是一种在语义中描述信息群体的普遍次序或期望次序的结构。恰当图式在篇章中可以让篇章更连贯。同时，通过图式可以实现对文本内容的自动处理，使读者在阅读过程中更容易注意到文本内容的新变化。

框架是有关一些核心观念和常识的整体模型；图式是按一定次序排列的、与时间和空间相关联的事件或状态的整体模式；计划是指导向预定目标的各种活动或状况的整体模式；脚本是事先经过规划的计划。描述性话语的心理处理依据是框架；叙述性话语的心理处理依据是图式；辩论性语篇的心理处理依据是计划。

图式从纵向角度可划分为由大到小的 5 个层次，分别是主题、目标、小目标、计划和脚本。脚本的特征有三点：①脚本存在多条“轨道”；②既有基本前提又有基本结论；③存在几个空白点。

计划是指行动者在没有脚本的前提下，为达成某一目标而处理的图式。目标与计划的界限很模糊，但目标没有计划的明确性。主题涵盖了人物主题、关系主题、生活主题等。

“脚本为中心语篇图式”是信息类语篇的主要心理结构，由情境脚本、人物脚本、工具脚本和格式脚本构成；以“计划为中心语篇图式”是呼吁型语篇；“以话题为中心语篇图式”是表情型语篇。但是这些大的分类之下还存在一些变体，如叙述性抒情语篇其心理结构往往是以脚本和话题为中心的混合语篇图式。又如在呼吁型语篇的一则典型广告中，普通的硬卖广告语篇经常使用“计划为中心图式”，而软卖广告语篇经常会使用“脚本为中心图式”，侧重于故事叙说或是“主题为中心图式”，以单独的广告口号或诗歌为主要形式。

因此，在翻译过程中应根据具体的语篇类型采用相应的图式策略。在信息型语篇的翻译中，一般应保留情境脚本、人物脚本和工具脚本，而格式脚本要符合与翻译语言相对应的图式。

在表情型语篇翻译中可以根据译语的“角色主题”“人际关系”“生活主题”等特点，在留有原文图式的框架上，让情感更倾向于译入语图式。比如汉语中的感情表达方式比较含蓄，所以汉译英时，我们可以稍微改变感情的表达方式，让语言更富于情感，这样就能得到混合情感的效果。

在呼吁型语篇翻译中要根据翻译目的、翻译任务以及读者的需要，调整语篇图式，使其更符合译入语读者的需要。

每个图式中都存在着大量的空位，即缺省成分，这些空白往往被同一文化背景下的作家与读者所共用，但在某些情况下，这些空白往往不具备跨语言的共性。当没有可解释空间时，就应该对那些不用解释的空位进行“空化”，而对那些不能不解释的空位进行填补说明。比如在广告翻译中，一家公司宣称自己“重合同、守信用”“受到某某国家领导人的视察、赞誉”，这些可以作为汉语语篇图式中的实位信息，而在英语语篇中只能处于空位。再如国内很多企业的对外广告中，产品性能指标、价格参数常作为空位省去，而这些恰恰是西方消费者认知图式中的实位因素，要补空为实。①

---

① 欧小艳，吴传珍，汪玲．基于语言学理论的英语教学策略研究［M］．天津：天津科学技术出版社，2019：244.

第四节 认知语言学理论下的英语翻译教学改革

一、认知语言学

（一）什么是认知语言学

认知语言学（Cognitive Linguistics）需要自身体验和认知出发，以概念意义和结构为中心，研究语言的认知方式，并通过认知对语言做出进一步解释，寻找从认知角度分析语言的可行性。认知语言学是一门新兴的跨领域学科。

认知语言学是解释性语言学，是以语义为中心的语言学，是共性语言学，即认知语言学具有认知取向、解释取向、语义取向和共性取向，从而有利于揭示语言的本质和规律。认知语言学是一个以我们对世界的经验以及我们感知这个世界并将其概念化的方法、策略作为基础和依据进行语言研究的语言学派。

笔者认为认知语言学是以经验主义的认知论为哲学基础，以意义研究为中心，以人对外界的感知为出发点寻找语言表征背后所隐藏的普遍规律，并尝试做出统一解释的新兴交叉学科。

（二）认知语言学的基本观点

1. 语言能力是一般认知能力的一部分

转换生成语言学认为语言能力独立于人类的一般认知能力之外，人生下来就具有专司语言能力的器官。认知语言学与此恰恰相反，认知语言学认为语言能力和人类一般的认知能力没有什么本质上的区别，并不具有独立性，而是人类一般认知能力的一部分。比如，我们说“老张抓起扁担冲了出去”，一般不说“老张冲了出去抓起扁担”，原因就是“抓起扁担”和“冲了出去”这两个事件在时间上具有先后顺序，反映到句法表征上只能“抓起扁担”在前，“冲了出去”在后，否则即使句子符合语法，语义也发生了显著变化。再比如，在现代汉语中有“赵雷的书包”和“赵雷爸爸”的说法，一般认为“赵雷书包”不符合我们的语感。原因就是“书包”对于“赵雷”来讲是可以让渡的，而“爸爸”对于“赵雷”来讲是不可让渡的。换句话说，“书包”和“赵雷”的概念距离较“爸爸”要远，因此“赵雷”和“爸爸”之间可以省略“的”，而“赵雷”和“书包”之间不能省略“的”。上面两个例子说明，句法成分之间的先后顺序和亲疏远近是事件发生的先后顺序和客观事物的亲疏远近在语言上的具体表现，语言能力是人类一般认知能力的一部分，并不具有独立性。

2. 句法是非自足的

转换生成语言学认为句法具有自足性，是语言和语法的核心。转换生成语言学把语言系统切割成句法、语义、语音和词汇四大部分，主张句法从词库中选择词项，通过句法合并和移位等句法操作生成音义结合体的句法表达式，在句法拼读后输送到逻辑层进行语义解读，输送到语音层进行语音赋值。由此可见，一切的句法操作都是为了满足接口条件，句法可以脱离语义甚至语音而单独存在。认知语言学认为句法是语言结构的一部分，与词汇、语音和语义密不可分，它们之间并没有明确的边界，转换生成语言学之所以把语言系统划分为四部分，只是技术上的划分而已，纯属为了研究的便利。比如：“吃了吗？”这句话是中国人用来打招呼的问候语，从句法上来看这是个疑问句，显然说话者并不是想获取对方“吃过饭”还是“没有吃过饭”的具体信息，而是一种寒暄或者问候。由此可见，句法、语义和语用交织在一起，从词法到句法到语义，再到语用，是一个连续统（continuum），它们之间并不是泾渭分明的。

3. 范畴是原型范畴，不是离散的

传统的范畴理论以理性主义为哲学基础，认为概念来源于客观世界的既定范畴，与进行范畴化的主体“人”没有任何关系，人类对客观事物的范畴化只是被动地描写世界。因此，传统的范畴理论认为范畴与范畴之间不存在重叠现象，事物之间的界限是彼此分明的。认知语言学的范畴观是原型范畴，认为同一范畴的成员彼此之间存在着家族象似性，成员之间的地位并不平等，有典型成员和非典型成员之分；典型成员和非典型成员之间构成一个渐变的连续统。需要强调的是，认知语言学范畴化的依据是属性，而不是特征。前者是客观事物在人类心理上的具体体现，而后者则是客观事物本身所固有的本质特性。比如："狗"是犬科哺乳动物，生物学家对其进行分类的依据是特征，不是属性；而爱狗人士认为狗是人类的朋友，把"狗"划分到"朋友"的范畴，而被狗咬伤过的人可能对狗没有好感，认为"狗"是凶狠的动物，显然社会大众对"狗"范畴的划分是依据属性，而不是特征。另外，随着时间的推移，被狗咬伤过的人慢慢地可能也会喜欢上狗，可见"人类的朋友"和"凶狠的动物"之间的界线并不固定。汉语词类的划分就是范畴化的一个具体实例，有的词一看就知道是名词，有的词一下子很难判定其范畴，可能介于动词和名词之间。比如，在"这本书的出版"这个短语中，"出版"到底是名词还是动词还真不好判定。因为这里的"出版"既具有名词的特征，比如"这本书的出版让他评上了教授"；同时又具有动词的特征，比如"这本书的迟迟不出版，让他很着急"。①

二、认知语言学在英语翻译教学中的运用

（一）注重训练学生的认知能力

基于认知语言学的翻译教学，要求教师应在认知图式的启发下，注重训练学生的认知能力。要想更好地培养学生的认知能力，通常需要从以下两大方面着手。

首先，要教会学生有关认知图式的知识，还要让学生了解怎样研究认知过程，进而让学生养成通过图式来处理信息和生成具体图式的能力。

其次要重视学生对认识图式的运用能力。一方面，应该让学生在学习新知识时紧密联系大脑中储存的固有图式，并加速吸收新知识，这样可以提高学生掌握新知识的能力，增加与翻译知识有关的理论积累，为将来的翻译活动打下坚实的基础；另一方面，应该重视对学生实践认知方面的能力强化，一般情况下可以让学生在理解翻译材料的时候重点使用过去的知识框架体系，以此来完成大脑中对翻译信息的加工和处理，在加深对翻译材料的理解同时，根据头脑中的认知图式做出相应的预测从而翻译好

---

① 吴胜伟. 概念隐喻与二语词汇教学研究［M］. 哈尔滨：哈尔滨出版社，2020：9.

原文。

例如，对于 Money is liquid（金钱是流水）这一概念隐喻而言，它一般可以产生许多的日常语言表达式，在具体的翻译过程中，我们一般需要与自身已有的认知图式（自身体验）相结合来理解。水是一种液体，它既有流动性又有浮力，而且在气温发生变化的时候还会改变自己的形态，从而变成气体或者固体。把这些观念映射到经济范畴，就会产生观念上的隐喻，即金钱是流水，从而会有更多的表达含义。例如：

liquid assets 流动资产

frozen assets 冻结账户

cash flow 现金流

Investment has been dried up 投资被蒸发掉。

从这一点可以看出，概念隐喻是对两个概念域之间的映射。即将源领域的本体、特点、关系和知识等映射到目标领域。利用源领域中的认知图式和推理模型对目标领域进行理解。从实质上进行分析，隐喻就是借助其中一类事物来理解和体验另外一种事物。因而，概念隐喻在构建我们的感知世界、进行知识积累等方面通常发挥着非常重要的作用。

（二）结合翻译教学内容增加相关的认知培训

教师需要在具体的翻译教学中加入与教学内容紧密联系的认知训练，以此来提高学生在实际翻译活动中的认知水平。教师要帮助学生利用心理认知方法提高自己对笔译材料的理解，从而使学生自然加深对源语的理解，为最后翻译成目的语做好充分准备。同时，教师还应该帮助学生构建丰富的认知图式，使学生可以通过图式理解原文内容，从而翻译出好的作品。

除此之外，教师还应该引导学生运用认知法对有关的翻译内容做出正确判断，运用图式结构理解所翻译的文本，根据翻译资料中所包含的特殊文化认知模式重新构建目标文本，并运用认知理论提高学生利用词汇的能力，使学生做到原文内容与译文内容的概念对等，从而达到精确形象地翻译资料，真正做到信达雅。总之，翻译教学的基本原理和具体操作等都应该以认知理论为导向，这主要是由于翻译本身就是一种认知过程，所以将认知理论应用于翻译实践中会帮助学生更好地翻译，因此，在进行翻译时大脑的活动也要在一定程度上体现出认知的一般规律。

比如，在英汉互译的实际过程中，学生经常会遇到一些隐喻，它们既可能作为修辞功能出现，也是一种认知思维模式。由于隐喻本身所特有的深层次的语义特点，使其在语言上难以被理解。许多学生经常会碰到这样的问题：他们虽然认识源语中的每个词汇，但往往对句子的意思不太理解甚至完全不理解，然后他们只能看一句翻译一句，遇到不熟悉的词汇就翻字典。这类译文往往难以准确地表述原文，甚至无法重现源语的精华。造成这一现象的根本原因在于学生无法理解句子中使用的比喻词。因而，对隐喻是否理解通常会对文章的理解程度产生直接的影响。

（三）口译教学中应注重训练学生对语篇的整体理解

教师应该在具体的口译教学中对学生进行自上而下的认知理解过程培训，逐渐让学生摆脱以词汇为中心的理解方式，取而代之的是以句法结构为单位的自上而下的听力训练。这是由于在口译过程中，译者首先要了解原文所传达的内容，并对其进行加工，最终将其翻译成合适的内容。

在对口译材料进行理解和把握时，掌握相应的认知方法非常重要。认知法能够帮助口译者在非常短的时间内实现有效记忆。因而教师在具体教学过程中应教会学生具体的认知法，注重培养学生对材料语篇的整体理解，从句法结构着眼口译材料，从而在大脑中形成短时的牢固记忆，以加深学生的印象，更加方便学生对口译信息进行加工处理，最后呈现完美、流畅的译文。①

① 张秀萍. 认知语言学理论视角下英语教学新向度研究［M］. 北京：中国商务出版社，2018：256.

第三章　文化视角下的英语翻译教学探索

在英语翻译的教学中，文化的因素会对翻译的效果产生较大的影响，因而在英语的翻译教学中应该注重文化因素，从而使翻译更加流畅，符合目的语国家人们的语言表达习惯。本章首先分析了中西方文化差异对比，进一步探讨了文化翻译的误区及影响因素，论述了跨文化翻译教学的理论建构，最后详细地研究了文化视角下的英语翻译教学实践等相关的内容。

第一节　中西方文化差异对比

一、中西思维文化差异分析

思维方式是指人类通过分析、推理、评价、综合等方式对外界信息进行感知。[①] 文化在思维方式方面的差异直接影响着很多工作的顺利进行，这种直接影响会表现在语言的宏观和微观方面。

（一）整体性思维与个体性思维

对于中西两个民族而言，认知模式的差别可能表现在思维活动时对环境的依赖程度方面，这种依赖分为“无领域依附”和“领域依附”。一般来说，“无领域依附”文化中的人具备较强的问题解决能力，而“领域依附”文化中的人具备较强的问题统摄能力，能把握事物内部要素之间的联

① 陈莉. 中西旅游文化与翻译研究［M］. 北京：中国商务出版社，2018：49.

系。两种思维方式的差异是相对的，它们相当于一个非离散的连续体的两端。东方文化的思维方式比较接近“领域依附”型，而西方文化的思维方式比较接近“无领域依附”型。

1. 中国人的整体性思维

整体思维是指把认知对象的各部分或者把整体的各种属性当作一个整体来进行研究。中国古代的哲学思想就是“天人合一”，从人心的体验推导到对社会的感悟以及对自然界的认识这种思想由来已久，中国传统的哲学观点认为，人与自然、主体和客体都包含在整体之中，整个世界就是一个整体。整体是由部分构成的，欲了解部分必须先对整体有所把握，注重综合概括，反对孤立地看问题。因此，其思维模式和语言观县有“整体思维”的特点，倾向于从整体的角度对语言进行感悟。[①] 整体思维具有以下两个特征：

（1）直觉的整体性

中国人的整体性思维是“直觉”的整体性。“直觉”是指通过潜意识直接把握事物。直觉思维讲究思维中断时的突然领悟，不依靠逻辑推理。在华夏民族的发展历史上，统一的文字加强了民族内部的团结；统一思想的提倡增强了民族的凝聚力；自身的强大增强了震慑性，使得外族不敢轻易入侵。在这些因素的作用下，中华民族的文化生生不息，得以完整保存。在统一的文化传统下，中国人民形成了直觉整体性的思维形式。因此，中国人在处理问题时习惯“摸着石头过河”。中国人也习惯于把事物分为互相联系的两个方面，整体地去认识并改造世界，所以中国传统文化讲究“天人合一”。在社会关系方面，中国强调人与人之间的相互依存，把人放在人际关系中整体把握，如“三纲五常”就是一个典型的例子。

（2）和谐的辩证性

“辩证”是关于对立和统一的思维方式，“和谐”是指认识到对立和统一互相渗透、互相包容，从而达到和谐。追求和谐的辩证即追求公允、协调、互补，以此达到事物的平衡。中国的“阴阳”学说就是对辩证思维的最高概括。天下万事万物都由“阴”和“阳”来统摄，又处于一个和谐的整体中。

---

① 潘文国. 汉英语对比纲要［M］. 北京：北京语言大学出版社，1997：56.

2. 西方人的分析性思维

分析性思维把整体分解为部分，把复杂的事物分解为简单的要素，然后分析各要素在整体中的性质，从而了解其本质。西方的思维模式就是典型的分析性思维，以逻辑、分析为特点，强调观察和分析的方式。所以，西方人寻求世界的对立，进行“非此即彼”式的推理判断。古希腊的柏拉图首先提出了“主客二分”的思想。分析性思维明确区分主体与客体、精神与物质、现象与本质，并把两者对立起来，进行深入分析。据此可知，思维不同，语言表达方式就不同为此，不管是学习英语还是汉语，都需要掌握该民族所具有的思维方式。通常而言，英语民族的思维方式是从小到大，而汉语民族正好相反，时间、地点的表达就是一个体现。

（二）形象思维与抽象思维

受“天人合一”思想的影响，中国人更加善于形象思维，擅长与外部世界的客观事物的形象相联系，同时结合头脑中的物像进行思考总结，这种思维模式在汉字中就有着明显的体现。例如，看到“山”这个字，我们就会在脑海中简单勾勒出山的轮廓。中国古诗也是这一特点的有利证明，如“枯藤老树昏鸦，小桥流水人家”，简单的词语组合就能让人在脑海中形成清晰、完整的意象。

受到形而上学思维的影响，西方人比较擅长与现实世界物象相脱离的抽象思维，抽象思维又称“逻辑思维”，也就是以概念为基础进行判断、推理的思维活动。① 这一思维模式具有抽象性、逻辑性、客观性、分析性和准确性的特点。

基于这种思维模式，西方人十分注重思维的严谨性，重视对概念的推敲和锤炼，尽量做到概念精准没有歧义，而且善于用抽象概念来表达具体概念。抽象表达虽然较为笼统，有时会给人一种晦涩难懂的感觉，但是这种特点更有利于表达一些微妙的感情或思想变化。

二、中西价值观念差异分析

价值观具有相对的稳定性。在条件不变的情况下，人们对事物的评价

① 秦初阳，等. 文化观照下的中西语言及翻译［M］. 长春：吉林人民出版社，2017：62.

总是相对稳定的。价值观是在家庭和社会的影响下形成的，经济地位的改变会带来价值观的改变。分析中西基本价值观差异应以个体主义与集体主义、权势距离、男性度和女性度、确定性的规避四个变量为依据。此外，在分析中西基本价值观差异时还应考虑面向长远和当前的考虑倾向。

通过分析可知，中国的基本价值观被定性为集体价值大于个人价值、权势距离大、女性气质浓、规避不确定性低。受其影响中国人经常从集体角度来考虑问题，崇尚权威和领导，缺乏一定的冒险精神，生活质量重于物质获取。与此相反，西方人进取心强富有冒险和创新精神，崇尚个人主义，渴求个人自由与平等，强调物质获取。

（一）集体主义与个人主义

所谓集体主义，就是将家庭、社会和国家的群体利益放在个人利益之前考虑。在处理个人与集体的关系方面，人们被要求与集体保持一致。人们习惯于忍让，力求个人身心与整个环境相适应。尽管现代社会的传统群体意识已经有所改变，但人们对集体仍有很强的归属感。集体主义的伸延表现为他人取向，也就是较多地考虑他人的感受。这使中国人养成求大同、不愿得罪人的习惯，主张“以和为贵”。集体主义既有积极的一面，也有消极的一面。

（1）积极的影响：中国人谦虚谨慎、共同合作，为了集体利益，不惜牺牲个人利益。

（2）消极的影响：过于强烈的群体主义取向导致中国人缺乏较强的创新思维。

与西方社会不同，中华文明在发展过程中对家族、道德有着极强的遵从性。社会活动多以家庭为中心，价值的体现也以光宗耀祖为标准。在不断发展过程中，中国人形成了集体主义价值观念，这种价值观念认为每个人都是群体网络中的一部分，而不像西方人所说的是孤立存在的独立个体。所以，群体之间逐渐形成了一些为各方均认可的价值观念和道德准则，如集体主义、对群体的依赖性等，为的就是保证这种和谐共处的群体关系。

集体主义观念指导下的人们在处理个人与集体的关系时，习惯坚持“小家服从大家，个人服从集体”的原则，因此就产生了诸如“先天下之忧而忧，后天下之乐而乐”等充满集体主义色彩的话语。人们在“礼”文化的教导下，懂得尊敬长者和有地位的人知道礼让，维护上下尊卑的社会秩序。例如，在和长者打招呼时称呼“师傅”“大爷”“大娘”等；和有职位的人打招呼时，为了表示尊敬通常会在其姓的后面加上职位名称。

中国的文化中十分推崇集体主义价值观，这种价值观下的人们很重视人际关系，他们相互体谅、相互关切、以诚相待。为了表示关心对方，中国人在问候别人时常常会涉及别人的私事，或者会为了表示真诚而毫无保留地披露自己的私事，因为中国人信奉“君子坦荡荡，小人常戚戚”[①] 这种观点。但是，这些涉及个人隐私的交际语在西方人之间的日常交际中是不会出现的。

重视道德的作用也是中华文化的典型特征。这种特点的形成主要受儒家思想的影响。儒家思想提倡仁者爱人，孟子更是提出了“仁、义、礼、智、信”的思想。

与中国文化相反，西方社会崇拜个人主义。[②] 西方个人主义取向在英语合成词中就有所体现，如以 self 为前缀的合成词有一百多个。每一个个体都是独特的、与众不同的。个人主义也意味着对个性的追求，人们想方设法体现出与众不同。保持一致，则是个体人格丧失的表现。

西方人追求个性、自由、个人意志以及自我实现。个人主义取向并不意味着个人利益高于一切，他们的追求是在法律、法规的约束之中的，因而是积极、健康的。个人主义取向促进了进取创新精神的形成，但是过于强烈的个人主义取向会影响社会群体的合力、亲和力。

（二）求稳心态与求变心态

东西方文明的根本区别在于：东方文明主静，西方文明主动。中国的民族性格表现为中、含蓄、恭谦、情感本位等。由此可见，中国的民族性格体现了以人生为核心的人文特质，即注重人与自然、社会的和谐。所以，中国的民族性是入世的。西方的民族性格表现为自我奋斗、相互独立、讲究效率、勇于创新、平等、民主、自由。西方人倾向于追求客观世界的本质，而不是怎样为人处世。因而，西方民族性是创世的。

---

① 游光中. 历代散文名句鉴赏［M］. 成都：四川辞书出版社，2018：71.

② 周兴华. 翻译教学的创新性与前瞻性体系研究［M］. 长沙：湖南师范大学出版社，2018：66.

“变”与“不变”是万事万物的两种状态。集体主义取向决定了“求稳”的心态，因此群体的“变”受到限制。中国深受儒家中庸思想的影响，习惯于保持和谐。中国人主张国家和家庭的和睦，求稳的观念扎根很深。事实上，“变”是绝对的，“不变”是相对的，关键是变得怎么样。虽然中国经历了由原始社会到社会主义社会的几经变化，但是基本的社会制度和格局并没有变化。

一切发展的前提是家族、社会的稳定，没有稳定就没有社会的进步。不得不承认，中国几千年来正是在“稳定”中求进步的，这就是为什么中华文化得以延续并保存的历史原因。不过在改革开放的推动下，中国的旧观念和民族性格开始受到挑战，这体现在以下几个方面：

（1）中国人开始摆脱绝对化的道德束缚，逐渐关注自我发展和自我完善。

（2）在平等方面，机会均等正在逐渐替代结果均等；在个性独立方面，人们开始抵制对个人生活方式的过多窥探。

（3）一些落后的传统观念正在被创新进取、公平竞争等新观念所替代。

（4）社会期望由“无为”转化为“有为”，这会带来主观能动性的激发。

总之，改革的浪潮使得很多传统观念受到了挑战。然而，不管发生多么显著的变化，文化的底层都具有相对的稳定性。

崇尚个人主义取向的西方文化倾向于“求变”。变化表现为不断打破常规、不断创新。对西方人来讲，变化、进步与未来几乎都是同义词。没有变化、进步，就没有未来。翻开西方历史，显而易见的是标新立异的成功。正是这种“求变”的价值取向，使西方人永远处于创造新生活的气氛中。“求变”集中表现在不同形态的流动，如事业追求、求学计划、社会地位、居住地域等。

三、中西饮食文化差异分析

（一）饮食观念的差异

在中国饮食文化中，人们更注重追求口味而不是营养。人们认为，如果食物美味可口，营养就退而求其次。[①] 食物的色、香、味通常被认为是

① 任闯. 简析中西方饮食文化的差异［J］. 现代交际，2019（08）.

最重要的。中国菜因其风味独特而具有强烈的吸引力。

西方人认为，吃饭就是给自己的身体加油，他们关心食物中的营养物质，尤其是蛋白质、糖类、脂肪、维生素等各种营养。比起颜色、味道、口感等方面，人们更关注的是营养。他们认为食物中的营养物质会再加热后消失，所以他们喜欢吃生食或是半生半熟的食物。他们将饮食视为一种膳食营养学，在膳食中寻找营养元素成为最重要的一环。西方国家往往认为饮食只是生存必不可少的手段，所以他们更加关注食品的营养和能量供给。他们很少将饮食与精神快乐相结合，也能从侧面反映出西方人的实用主义与功利主义。对他们而言，营养最为重要，品味次之。

（二）饮食对象的差异

中国人在饮食上偏爱蔬菜，蔬菜是中国人主要食物之一。中国人以蔬菜为主要食物与佛教的提倡有着千丝万缕的联系。他们认为，动物是“人”，而草木是“没有灵魂”的。他们不提倡杀生，所以他们主张吃素。

西方人以渔猎和游牧为生。他们饲养禽类和家畜，并用禽类的皮毛来制作衣鞋。西方人还把动物当作药物。西方人士在向中国人介绍自己的饮食特色时常常会觉得自己的饮食比较合乎情理，而且西方的饮食行业也比较成熟，他们还偏爱快餐，比如罐装食品、速食等。

根据中西方饮食的差异来看，汉语主要和植物有关，而英语则是以动物为主。从文化的角度思考行为，中国人喜欢平淡的生活，而西方人则喜欢冒险、探索。这种行为、饮食、思考方式上的不同造成了中西方文化的区别。但美国民间学者拉什分析“文化模式”后发现中国的文化更像古代的阿波罗式性格，而西方文化更像浮士德性格。实际上，西方人比如美国人只不过是将家里所有的物品装进货车再搬到一个新环境中去，开始他们的新生活。而中国人却始终把“家”和“根”挂在心上。虽然人们常说，青年应该在哪里都可以成家，青年可以在任何一个地方创业，但并非所有的地方都是他们的家。由此我们可以看出，中国人在海外生活了几十年之后，随着年纪增长就越想找到自己的家，回到家乡的愿望与饮食的累积有关。

第二节　文化翻译的误区及影响因素

一、文化翻译的误区

文化是一个国家经过漫长岁月积累而形成的思想与精神财富，它有着与其他国家不同的特点。由于文化的特殊性，在许多情况下文化的翻译往往会出现一些错误，如对原文的文化不了解造成翻译失误；翻译时往往只注意文字的表意而忽略了所传达的文化意蕴；对读者群的认识与理解能力缺乏足够重视等。

（一）对原文化不理解

文化需要理解和适应，特别是文化翻译，更离不开理解。对文化不理解或者理解不到位往往会造成文化信息的严重缺失，甚至是传递错误的文化信息，例如：

You cannot choose your battlefield. The gods do that for you, but you can plant a standard where a standard never flew.

(Nathalia Crane：*The colours*)

译文一：你不能选择你的战场，神灵已为你做了选择，然而你能树立一种规范，在那规范从来不曾有过的地方。

（纳塔莉·克兰：《多彩》）

译文二：你不能选择战场，因为上帝已为你选定，但在那不曾有过军旗的地方，你可以插上军旗，让它迎风飘扬。

（纳塔莉·克兰：《军旗》）

原诗中的“standard”指“军旗”。在译文一中译者对这个词表示“军旗”的意义都不熟悉，因而错译了“standard”的意思。译文二在正确理解的基础上处理恰当。

（二）忽视文化内涵的传递

文化翻译中的第二种错误是过分强调文字本身的意义而忽略了其所传达的文化内涵。直译（既有音译，也有单纯的翻译）能起到很好的文化传播作用，所以在翻译时应多用直译方法。但是，单纯从文字表面进行翻译可能会造成文化意义的丧失，如将“call girl”（应召女郎）译作“女传呼员”等。

在翻译时，我们不应该局限于原文的字面意思，以传递文化内涵为主要目标。例如，将“五讲、四美、三热爱”译作“Five stresses, four beauties and three loves”，通过回译便成了“五点强调，四大美人和三种爱”，不难发现，简单的字面转换实质上与原文的文化内涵差距很大。为了传达原文的实质性文化内涵，应做灵活处理，译作：“Five manner to promote, four virtues to advocate and three passions to strengthen”。

（三）忽视读者的认知和理解能力

读者对作品的理解通常是建立在自己已有的认知程度上，超出了自己认识范畴的内容就会无法理解。曾经有一个寓言，讲的是一只猴子来到人类居住的地方，回到家乡之后，其余猴子向它询问在人类世界看到了什么，它说“人类都很忙碌，拿着公文包来来往往。”听到这句话，猴子们在脑中浮现出的是：人们用尾巴卷着公文包在树枝上跨越。这个寓言给了我们一个启示，那就是猴子的想法和联想是由他们已有的认识水平决定的。

同时，作为一种跨文化的交际行为，翻译必须充分考虑到读者所处的社会环境和接受能力。比如，一种叫作 yoyo（悠悠球）的国外玩具出现在了英语课本上，那时学生没有见过这种玩具，尽管教师一直为他们解释和说明，但学生仍然一知半解，无法真正知晓它的意思。直到后来这种玩具出现在市场学生才明白了 yoyo 到底是什么玩具。

再如，Bungi（蹦极）实际上是指 Bungee jumping（also spelled “Bungy” jumping）是一种用绳索系住的运动者从高空下跳的富有刺激性的体育活动。这个词在 1997 年首次出现在中国媒体引进的影片《伪装者》中，被音译作“蹦极”，当时并没有多少人知道“蹦极”是什么，后来在中国报纸上就频频出现，人们通过查找相关资料后才知道这是一项冒险而刺激的体育活动。

如果没有考虑到读者对译文对象的认识情况，就无法达到翻译目标和效果。在翻译过程中，要考虑到译者的理解与接收能力，应在译文中进行适当转换，尽可能地传达出译文中所隐藏的文化意蕴。

例如："因何不去会试?"范进方才说道，"先母见背，遵制丁忧。"

（《儒林外史》）

在中国古代，遭父母之丧称为"丁忧"，而"丁忧"也称"丁艰"。父丧称"丁外艰"，母丧称"丁内艰"。古时父母死后，子女要在家守丧三年，不做官，不婚娶，不赴宴，不应考。因此，在理解"丁忧"的文化内涵的基础上，译作：

"Why did you not sit for a higher examination?"

"My mother has died," Fan Chin explained, "and I am in mourning."

（杨宪益 戴乃迭 译）

由于文化、语言等方面的不同，造成了文化翻译中存在许多障碍，一方面译者自身的认知水平也会影响译文质量，即主观因素；另一方面是客观因素，因为翻译中存在着文化缺失和错位现象，这使得译者无法真正把握原文内容，从而翻译出错误的译文，无法将原文内涵真正传达给读者。

二、文化翻译误区的影响因素

（一）思维方式

语言是思维的外现，语言的形成受到了多方面因素的影响，是在一定地域范围内经过漫长时间演化而成，其受到社会发展的制约，它代表了一种新的生活模式和思维方式。语言是一种沟通的手段，不仅是文字和句子，本身更是沟通情感的纽带。语言翻译的实质是交流，所以英语翻译教学也要顾及中西方之间不同的思维模式和语言习惯，不然就会在翻译时出现错误。中国人喜欢从整体考虑问题，优先解决整体问题，其次才是个体问题。但西方人注重个人利益，他们将整体利益放在之后。中国人的思想内敛，而西方人的思想奔放大胆、直来直去。译者在翻译时会不可避免地遇到这些情况，此时就需要利用语言构筑沟通的桥梁，寻找彼此交流间的平衡，让双方都能接受和理解。因此，在进行中英两种语言的互译时，尤其要深入探究文化背后的思想习性，从而实现彼此了解、尊重和融洽共处。比如，中国人在打招呼时会先说姓氏，其次才是名字。但西方人恰恰相反，都会先说名字其次才是姓氏，这反映出西方人重视个人的思想理念。所以，对于翻译李小龙这样的名字时通常会将其译为“Bruce Lee”，将姓氏“李”放在后面，尊重西方人的文化传统，让其一眼就看出这是人名。同样地，当我们翻译西方人的名字时应该把姓氏和名字搞清楚。另外，在表示时间时，中国人通常使用的顺序是年、月、日，而英语则是日、月、年从小到大来表达时间。

又比如关于数字所包含的含义，中国人与西方人也许会有一些差异，比如“13”这个数字在中国人眼里没有什么不同，但在西方人看来，这个数字会带来霉运，象征着不祥。所以，在翻译过程中，我们应该尽可能地尊重西方人的思想，恰当而又巧妙地表达出有隐含意义的数字。而数字“6”与“8”则更受中国人青睐，表示“又顺又发”。此外，对色彩扩展含义的不同认识也需要加以考量。

（二）文化历史背景

每一个地区都有自己的发展历程，也有当地独特的习俗。在翻译教学中，不仅需要让学生了解翻译理论和知识，也要让学生了解中西方的历史文化背景差异和各个地域的风土人情，从而做到准确翻译，使中西双方人员可以顺利沟通。比如在教学英语时，可以首先讲解以英语为母语国家的历史文化，并且激发学生对于历史的学习兴趣，从而将历史文化背景融入语言学习中，更好地翻译作品。譬如，对于“Boston Tea Party”这个词，不懂美国历史的人只凭字面意义可能会直接翻译为波士顿茶话会等，这样就会产生误解，以为曾经真的有某个茶话会在波士顿的某处举行，但这是与历史事实相违背的。恰恰相反，如果学生熟知美国历史，那么就能很轻松地翻译成“波士顿倒茶事件”。又比如中国人最熟悉的“鸿门宴”故事，如果你把它译成“Hongmen Banqueta”，那么在外国人看来这只是一次很正常的聚会，而无法从名称中看出背后的心怀叵测和处心积虑，但如果知道这段历史之后再进行翻译，就可以把“鸿门宴”译成“vicious invitation”，从而准确传达出原本的含义。

（三）生存地理环境

地域不同也会对人产生很大的影响，尤其会影响语言的形成和发展。所以，每一个国家都有自己独有的个性，每一个地区都有独特的风俗习惯。英国作为一个岛屿国家，从古代开始就对海洋和水有一种特殊的感情，所以伴随着英语的发展产生了大量关于海洋和水的词汇。如“hold water”（解释的理由站得住脚）、“muddy the waters”（把水搅浑，使变得更复杂）等。而中国的领土大部分是陆地，中国人从古至今都是以农耕为主，依靠土地生成，所以对于“土地”这两个字总是有特殊的偏好。人杰地灵、地上天宫、地大物博等都表现了中国人对土地的重视。

教师在英语翻译教学中要注意引导学生重视由于地理因素差异而产生的翻译过程中的各种差异。总结整理地域因素对语言形成影响，让学生明白一些词汇的起源原因，从而准确翻译作品，降低语言差异障碍所带来的交流上的影响。比如，在英文里“spend money like water”被直译为“花钱和流水一样”，这个译法无可厚非，而且还能传达出大概意思，但它缺少了一种文化内涵，与中国人的喜好不符。事实上中国有一个成语能够很好地翻译这句词，那就是“挥金如土”。这是一种信、达、雅的译法，它不仅能够精确传达意思，而且能够使读者在阅读时有一种赏心悦目的感觉，从而真正传达出原文内涵。这两个版本的译文所带给读者的感受也大不相同，第一个版本的译文平淡无奇，只是将词汇翻译出来，第二个版本的译文不但语言简洁，而且还能充分表现出中华民族的文化美感，让人印象深刻。

第三节 跨文化翻译教学的理论建构

一、跨文化翻译教学的理论基础

语言是文化的载体[①]，文化指的是一个民族的思维方式、价值观和社

① 束定芳，庄智象. 现代外语教学 理论、实践与方法［M］. 上海：上海外语教育出版社，2008：128.

会心态等的普遍指向，没有文化，民族精神、民族智慧和民族凝聚力就无法发挥应有作用，所以，翻译在一定意义上就是不同民族之间的文明传递和文化交流。由于各个民族所处的自然环境、人文环境等方面存在着巨大的差别，从而造就了他们丰富多彩的文化特征，语言文化等方面也存在着差异。而翻译正是要把这些语言和文字之间的壁垒消除掉，以便在不同地区之间进行文化交流。译者的文化沟通能力不但会影响翻译的品质和水准，也会影响到是否能够客观真实地体现出跨文化传播的深层含义和本质。因此，在翻译教学过程中，教师要让学生了解和意识到翻译不只是简单的文字和语言变换，更是文化的沟通和交流，要努力培养和提高学生在翻译过程中的传播能力、交流能力和交际能力。这正是在翻译教学中运用跨文化理论的关键。

跨文化翻译教学主要以建构主义和体验主义为教学理论的基础。它将两种教学理论有机地结合起来，形成自身的理论体系。

将认知主义渗入行为主义中就产生了建构主义学习理论。行为主义的主要观点包括客观主义、环境主义和强化主义。在教育方面，要加强“刺激—反应”连接；教学目标是为了传达客观知识，而学习目标也就是要在传达知识的过程中实现教学目标，也就是要获得与教师同样的知识认识。但是传授过程忽视了学生的认识和思维理解。而认知主义虽然继承了客观主义的传统，但它注重学生自身的认知过程，这样能更好帮助学生将外部客观事物内化到自己自身的认知结构之中。认知主义更重视学生的认知过程，行为主义重视知识传递过程，这就是认知主义与行为主义的区别。

杜威（John Dewey）、皮亚杰（Jean Piaget）以及维果茨基（Lev Vygotsky）等人在一定程度上都对推动了建构主义的进一步发展，建构主义在认知主义的基础之上进一步延伸。杜威的经验学习理论和维果茨基的文化历史论虽然都没有提到建构主义，但是它们都在很大程度上推动了建构主义的产生。皮亚杰是第一个在著作中体现建构主义的人，可以说他是建构主义理论的创始人。接着布鲁纳又在自己的教育思想中提出了建构主义，这种学习观的提出是为了说明如何把客观的知识结构在互动过程中内化成为自身的认知结构。这一切思想都在深刻影响着如今的建构主义学习理论。当然，建构主义并非一种理论学派，它只是一种思潮，它还处于发展之中，并且有多种取向：激进建构主义、社会建构主义、社会文化取向、信息加工建构主义等。

激进建构主义的基础是皮亚杰的学习理论，代表人物有冯·格拉塞斯费尔德（Von. Glasersfeld）。激进建构主义的原则有两个：一是主体积极构建知识，构建过程是新老经验交互作用；二是人的认知功能是对已有的认知世界进行调整，从而帮助自己更好地认识世界。

社会建构主义是在维果茨基的理论基础之上发展而来，代表人物有鲍尔斯菲尔德（Bauersfeld）和库伯（Kolb）。从某种意义上，社会建构主义对认识的确定性和客观性产生了怀疑，但是相比激进建构主义又较为缓和。它主张学习是学生个人建构知识的过程，知识不仅是个人与环境相互作用的结果，在内化过程中语言也发挥了重要作用。与社会建构主义有较大相似性的是社会文化倾向，同样受到了维果茨基理论的影响，同样将学习视为建构的过程，并注重学习的社会性。但是社会文化倾向把人的精神活动与特定的文化和习俗背景相联系。强调不同的文化背景对个人的学习、问题的解决等方面所起的作用。利用这一观点进行教学的是师徒制。

信息加工建构主义与其他类型的建构主义不同，它并不是严格意义上的建构主义，在其理论中学习不是被动的 S-R 联结，而是个体主动的心理加工过程，其中包括了选择信息、整理信息、加工信息等复杂的过程。它重视过去经验的重要性，但同时忽视了新经验会影响到过去经验。

尽管建构主义的研究方向不尽相同，但在这些研究方向存在一些共同观点。他们把学生学习当成在特定文化背景下通过教师帮助和必需的教材来进行意义建构，在学习过程中，教师的帮助必不可少。

在传统的学习理论中很多时候重视教师的传授，认为教学是教师将知识传授给学生、学生接受知识的过程，但这种观点忽视了学生自身的能动性，无法培养学生的思考能力，对学生的全面发展不利。建构主义的出现是为了打破传统的学习理念，所以它有独特的教育理念。从知识观来看，建构主义把知识看成是主观的、动态的，改变了以往将知识看作客观和固定的观念，将知识视为一种说明或假设。这样一种动态的知识观念无疑给我们的传统教育带来了新挑战。但是，这并不代表质疑教科书上的所有知识，不再将其传授给学生，而是将学生接受知识的过程看作建构过程，不再将其当成一种预定的东西来教授。学生的学习只能通过认知结构的意义建构才能完成。建构主义的所有观念都有一定相似性。建构主义改变了过去被动接受知识的过程，而重视主体作用，个体积极建构知识，但这并不代表忽视他人帮助，学习过程中教师的帮助是必不可少的。学生在学习之前就已在生活中积累了经验，这些经验有些会促进学习，有些则会妨碍学习，但这些知识经验只是松散的，学校的存在正是为了让学生重新建构这些经验，从而帮助他们进行深层次学习。所以，在教学时要充分认识学生意义建构的重要性，帮助学生进行意义建构。教师要改变自身角色，把自己当成学生学习路上的指引者，而不是单纯地将知识传授给学生，学生也要积极发挥自身用处，努力学习新知识。

现代的建构主义教学注重学生的动态学习，强调学生的丰富性和差异化的经验世界，要求学生进行积极建构，要与他人进行社会互动，建立合理情境帮助学生进行建构。在这种情况下，传统的以教师为核心的“授课—接受”教学方式已经不能满足现代教育的需要，需要寻找一种适合建构主义教育理念的新教学方式。建构主义教学方式强调学生的主体性，以学生参与为中心。将学生的探究和实践有机地结合在一起，提倡和鼓励学生积极地参与到课堂的每个过程中来。在课堂上给予学生极大的自由，让他们体会到课堂的有趣，在课堂中实现自身价值，从而变为主动学习。因此，学生最后获取的知识数量不是教师讲解的内容数量，也不是由自己的背诵和记忆能力所决定，而是由学生利用自己原有的旧知识去建构有关新知识的意义。建构主义主张以学生为主体，注重学生的原始经验和知识，把教师的引导和学生的积极建构有机结合在一起。这就需要教师在课堂上为学生创造一个良好的语义构建环境，帮助学生更好地进行学习。学生不仅要积极与教师互动，还要重视同学之间的互动，积极进行合作学习。

简而言之，建构主义教学理论观的主要内容包括：第一，所有的认识活动都包含着一定的认识结构，包括图式、平衡、调节、同化等概念，学生在与环境进行互动的过程中逐渐构建起关于外部世界的知识，从而提高自身认知，完成发展认识能力的目标；第二，学生在语言学习过程中，语言学习的层次与程度受到一定社会因素的影响，而环境又是影响语言学习过程的一个主要因素；第三，教师要为学生创造一个良好的学习情境，从而调动学生的学习热情，指导学生探索学习规律，最后提高教学效率，完成教学目标；第四，从情境因素、意义构建、协商因素、对话因素四个方面分析语言的学习过程。

建构主义教学理论具有以下特征：师生互动性、学生主动求知性、学生探索性、动态建构性、研讨交往性、知识环境直观性、自主智能拓展性和知识结构性等。

体验式教育思想是从认知语言学中的体验哲学观中衍生出来的，它的基本思想是：第一，人们是通过感官来获得对世界的体验，并且各种感官都有自己独特的体验感受性，比如眼睛、耳朵等所感悟到的世界是不同的；第二，体验具有时间和空间特征；第三，时间与空间体验认知存在着概念交叉，也就是说时间与时间经验认知可以用来解释其他语义域；第四，在概念的形成和发展过程中存在着途径和互动两个方面，这两个方面是指人们把经验中的特征用语言转换成概念表达从而实现对经验客体的认知；第五，各民族对词语的生成与获得的经验存在着差异性，词语的语义约定俗成与各民族的生活与文化心理有着密切联系，词语的语义生成与扩展与文化密不可分。

体验式教学的特征主要有：现实性、经验性、心理性、视角性、概念性、规则性、心智性、理据性、思维性、摹写性等。

跨文化翻译教学模式的理论主要有以下几种：第一，语言概念是动态的、不稳定的，学生需要了解概念在语言环境中的变化；第二，学生要了解不同语言环境下作者运用语言概念的共性以及这些概念的背后所隐含的意义、语言、思想和心理的体验性；第三，语篇的层次结构也是可体验的，语篇不仅可以生成语篇，多种语篇也能构成语境，因此，构建语篇的过程涉及社会经验的问题；第四，学生应该通过对源语各种含义的了解基础上，勾勒原文作者想要描述的真实客观世界，并努力使译文中的内容和形式与原文相符。

跨文化翻译教学的特征在于：重视概念、客体、思维、认知风格、感觉方式、情境建构等多个要素相互作用而形成的建构性和体验性。

二、跨文化翻译教学整合体系

（一）跨文化翻译教学体系探索

在翻译教学改革中时，许多教师都注重在实际情境中进行合作。在思想、原则、手段、方法、经验知识等方面，这些研究都为笔译教学提供了有利的指导意见。但是，它们并没能有机结合起来形成一套可解释、可描述、可操作的范畴系统，也没有将归纳和推理结合起来，用开放式模块的方法来构建学生的知识结构，让他们对翻译实践的一些规律有更多了解。翻译教学和教材建设应是知识体系与理论体系、技巧体系三位一体的范畴体系，这样才能培养出有创造能力的人才①。我们将邻近相关学科的理论知识进行整合，并通过开放式的模块方式构建出“理论+知识+技能”三位一体的跨文化翻译教学体系。

（二）跨文化翻译教学整合的策略

总的教学策略是：简化目的、深化认识、突出问题、多维探索、集中量补、教辅结合。

第一，简化目的是让学生在整体笔译课程中围绕“翻译什么”这一核心问题来思考。但是这个问题的答案不是唯一的，他们需要给出多个答案，每一个答案还需要多个典型翻译实例来验证，验证的过程中还包括理论和方法两部分。鼓励学生从多个角度和层面来研究翻译的基本特性。

第二，深化认识即在整个教学过程中，不是从理论本身出发，而是始终围绕各种主题和类型的实际问题进行具体分析。教师在帮助学生解决问题时要从点到面、从浅到深，在推理过程中利用各种视觉性强的手段加以证明。为了加深学生记忆程度，对于不同类型和性质的问题用不同颜色的笔表示出来，从而完成“认识问题形态—了解问题性质—寻找问题原因—思考解决办法—验证办法依据—总结解决经验—加深理论认识”的认知链。

第三，突出问题是指将教学时间分为三部分，半小时的学生 PPT 讲解时间，分为小组进行，三人一组，每人十分钟的分析和提出 3~5 个有代表性的问题，半小时的教师引导解决翻译问题时间以及最后半小时学生练习时间。三个环节都应该强调在翻译中所遇到的语言理解和表达困难，并且能够体现出各种语篇的不同特点：文学性、符号性、晦涩性、隐喻性、间

---

① 任林芳，曹利娟，李笑琛. 中外文化翻译与英语教学研究［M］. 北京/西安：世界图书出版公司，2017：92.

接性、变异性、多义性、衔接性、抽象性、互文性、歧义性、模糊性、陌生化、不确定性、个人化等。

第四，多维探索即问题求解过程的理性化和方法化。我们将荀子“以道观尽”和“以类度类”理念应用到翻译教学中，将其转换为开放体验模式，在此模式下教师的分析与学生的陈述将以“类”的方式突出具有同样的理论知识与方法论价值的问题，这些问题中存在相似点和不同点，通过分析这些问题达到举一反三、触类旁通的目标。总结经验技巧需要由下至上地从实际到理论进行归纳，可以扩展人们对于“道”的认知范围，并进一步充实翻译的知识体系。

第五，集中量补即将每个学期的前四周视为准备阶段，可以为那些翻译基础不牢固或完全没有翻译理论和实际经验的学生提供课外辅导，使其在短期内提升翻译能力，包括：（1）把翻译的基本原理和知识编成一份专题教材，供他们在课后重点阅读，包括翻译的性质和原则、中西方翻译史、形合和意合、异化和归化、主题句翻译、地名的翻译、声色词翻译、习语翻译、文体和译词的翻译等。（2）从多本翻译教科书中搜集十多项常见翻译技巧分发给学生，为小组潜力发展报告的技术应用打下坚实基础；（3）向学生推荐几十篇以往毕业生写过的优秀报告，以供他们参考，并确定报告的构成要件和表达方式。

第六，教学与辅助相结合即在课堂上对学生进行启示、指导和能力发展的同时，教师还应要求学生在能力发展报告中进行批判性的翻译练习。比如，在已经发表的名家译本中选择材料展开对比分析，在这一过程中不但要让学生对译品从表达和理解两个方面展开经验总结，还需要能够发现其中存在的缺陷和还可以更加完善的地方，甚至还可以找到翻译作品中的误译或错译失误情况，并对问题性质进行解释，提出建设性的改变。让学生做“问题—解决法”的汇报（每组讲解 10~15 分钟），教师要根据学生汇报做出针对性评价。无论是学生还是教师都是探索、发现和解决问题的挑战和发展潜力的过程。

在 90 分钟课时的教学中，课堂教学的第三个环节是要针对文本翻译让学生进行练习，教师要为学生创设一个真实情境，因为在学生毕业之后不再是单独翻译词或句子，而是需要在一定环境下进行文本翻译。因而这一环节需要注意三个问题：（1）确定大文本情境构建和所涉及的文化、历史和社会经验对概念、命题语义和意义产生的限制作用。(2) 通过创设情境或借助图片、录像等辅助方法，培养学生的实践参与能力，提高他们对于情境含义的构建能力。(3) 针对关键和困难问题，运用编程推理的方式进行说明。可以采用系统构建语境参数论解决第一个问题，改变教师以往只可意会不可言传的语境，将其可视化、能够被描述出来，易于操作。对于第三个问题，教师可以通过使用不同的颜色的笔来标记，还可以借助一些线条或图案程序性地介绍语义生成过程、理据、方法等，让学生通过直观体验来了解语义生成机制的经验性、认知性和建构性。

第四节　文化视角下的英语翻译教学实践

一、文化视角下食品英语翻译教学实践

(一) 食品英语翻译教学的特征

食品英语属于专业性科技英语的一种，其与一般英语相比显示出更强的专业性，具体到语言层面，主要包含以下两个特征：一是食品英语具有较强的专业性。这种专业性主要体现在：食品的生产、宣传、营销、质检环节都涉及大量的专业术语；食品生产过程涉及生物学、化学、物理学等多门学科理论专业知识；食品原材料名目繁多、生僻专业术语较多。二是食品行业经常大量使用简化词汇和外来词汇，这对非专业读者的阅读提出了一定挑战。这主要是因为许多食品名词、量词等被频繁使用，为了方便书写、识记，生产者有时对其作简化处理，同时食品行业涉及多个学科，造成外来词汇的数量也十分庞大。

从食品英语的两个特征来看，食品英语翻译的过程中应注意保证译文的准确性、科学性，再追求雅致、生动性。在翻译食品英语时则着重从如下几个方面进行把握：一是准确翻译词义。基于对食品英语翻译准确性的追求，翻译者必须具备足够的食品专业理论储备，同时借助各种渠道来消

除翻译过程中的知识性差错，万不可随意改动、调换词汇；二是要注意词句的灵活转换。基于英汉两种语言在语法结构、词性等方面的差异，翻译过程中则不可全程采用直译的办法，而要注意结合上下文语境，处理好句子结构、词性的转换，采用最契合上下文逻辑的翻译策略；三是要对句子翻译作合理的增删。因为英汉两种语言在表达上的不同特性，英语中不是每个词都具有实际意义，译者在翻译过程中要注意将那些只作为语气词、发语词的词汇进行删减，而在汉译英过程中，有时又要用到增加词汇的情况。对这些增译、减译的具体策略，译者要灵活辨识运用。

（二）文化视角下的食品英语翻译教学问题

在进行食品英语翻译教学中，要利用跨文化交际理论，提高学生的文化阐释和文化交互能力，重视文化自信对于翻译的重要性，提高学生的跨文化交际意识。但是当前高校的食品英语教学还没有充分完成这些要求。

1. 文化解读

文化解读是一个人对文化的表现形式或文化现象的理解和认知过程。要想在不同的文化环境中进行协商和沟通，必须具备基础的语言素质，而文化解读能力就是可以协调和运用语言的助手，它对于学生有效进行交流有着非常显著的影响。然而，在目前的食品英语翻译中，教师或只是简单地向学生传授英语词汇和语法知识，忽视了对目标语言的解释，没有过多向学生传授关于文化的知识；或者只是对同一语言的文化进行简略介绍，而忽视了不同国家和地区之间的文化差异，从而导致学生的英语文化内涵缺失，学生没有养成文化解读能力。

2. 文化互动

在食品英语翻译中教师应注意创造一个真实的情境，将食物英语的翻译技能与文化交流的相关知识有机地联系在一起，从而提高学生的食品英语跨文化交流能力。然而，在目前的食品英语翻译教学中，教师常常把语言语法的培训与文化交流的培养分离开来，学生即使掌握了较多的食品英语知识，也无法有效进行跨文化交流。有些学生具备良好的跨文化交流能力，但对食品英语的翻译技巧还不熟练。这些问题造成了食品英语教学效率低效，学生无法在食品贸易和经济贸易中展示自己的知识，无法有效进行翻译。

3. 文化自信

在我们国家实力不断提高的今天，文化建设也是一个很重要的问题。目前，世界范围内的文化竞争日趋激烈，我们应该把重点放在本国的文化输出上，选择符合国家文化发展战略的计划，以尊重其他国家文化为前提，自信、合理地输出现代中国文化。在食品英语翻译课堂中，教师可以有计划地传授有关我们国家的食品文化。然而，在目前的课堂教学中，教师大部分都是介绍英语国家的饮食文化，很少会涉及本国饮食文化。造成这种现象的原因一方面是我国还不太重视建设文化教学体系，另一方面可能是缺少文化自信。

（三）文化视角下食品英语翻译教学的提升策略

1. 以文化解读优化教学内容

目前，高校食品英语翻译课程主要侧重于翻译技能的解释，而忽视了对学生文化解释能力的培养，因此，在教材编制与整理阶段，教师可以借助现代化的科技手段，收集并整理目标食品英语各国的相关内容，并在教材中加入有关跨文化交流观念的内容，在收集时要扩大材料的收集范围，使得内容种类丰富，包括饮食文化、社会文化、风俗习惯、经济发展等。把这部分内容引入教科书中，要求学生认真做好笔记，并指导他们对食品英语中的文化进行深刻理解。因此，教师在课堂教学中应注重培养学生的跨文化交流能力，加强学生的跨文化思维，使其更好理解食品英语文化。除利用科技手段收集与整合课程内容之外，也可以组织教学经验丰富的食品英语教师对教材进行整合，增加或删改教学内容，改革食品英语翻译教学体系。

2. 以文化互动革新教学形式

在传统的食品英语翻译中，教师只通过灌输单一的目的语文化知识来培养学生的跨文化交流能力，但无法有效提高学生的语言运用水平，因此，只重视语言应用是无法有效提高学生能力，所以教师应为学生进行食品英语翻译构建真实的文化情境。构建文化情境与语言情境同等重要。在双语翻译的教学过程中，要注意创造出一种母语文化与目的语文化碰撞、融合的交流情境，根据两种语言文化之间的相互渗透和影响，在实际翻译活动中还可以为对话设定特定的跨文化因素，达到通过文化交互来提高翻译者的跨文化交际意识的目的。

二、文化视角下中医英语翻译教学实践

（一）文化视角下的中医英语翻译教学问题

中医理论体系是以中国古典哲学为基础而演化来的。例如，在中医学概念中有着“阴阳”“五行”和“气”等相关概念，而其根本内涵是中国古典哲学的集中体现。中医的“藏象”理论是以中医整体观和古代解剖学为基础发展而来的独特理论体系。中医语言独具特色，言简意赅，蕴含着从古至今丰富的中华民族文化。这些具有文学色彩、哲学特征以及宗教思想的术语很好地保留了中华传统文化精髓，同时也是中医药文化翻译和对外交流中的难点。促使中医英语翻译教学呈现出应有的效果，并且在跨文化交际背景下体现出相应的价值和效能，就需要着重把握中医语言的风格特点和语义特征，结合中医和西医在医药文化方面的差异，根据实际语境采用灵活的翻译策略与方法，消除中医对外传播中的文化壁垒，把中医理论以英语母语者可理解的方式进行有效地传达，使对方理解并学习中医药文化和特色诊疗方法，将祖国传统医学文化传播到世界各地。

当前各大中医药院校均开设了中医英语课程，对中医理论翻译进行教学，但也存在一定的局限性。首先，在课程体系方面，中医翻译教学主要融于中医英语课程之中，侧重于中医基础理论英译课文的讲解，对于中西医文化差异的内容讲授较少，忽视了中外医学语言与文化的关联度。其次，师资力量薄弱。当前讲授中医理论与文化翻译的师资队伍还有待扩充，师资水平有待提升。中医专业教师对英语翻译理论了解甚少，缺乏以翻译策略理论指导实践；英语专业教师对中医典籍和古典文化缺少深入学习，有时不能准确翻译具有文化特征的中医术语。再次，教学模式单一且传统，中医英语翻译教学在课堂上的普遍模式依然是教师为主导，先是展示汉语的中医术语和句型，然后讲解英语词汇，再进行单词与句子的对应翻译。教学内容枯燥，“填鸭式”的理论灌输难以激发起学生对中医翻译学习的兴趣。

（二）文化视角下中医英语翻译教学的提升策略

1. 建立科学合理的中医英语翻译课程体系

科学合理的课程体系设置是教学实践的指导性基础。对于中医人才英语翻译能力的培养需要循序渐进。从大学一年级开始，可以分学期开设针对听、说、读、写、译多种能力培养的中医翻译综合课程，若课时有限，学生可根据自身薄弱点和学习需求进行选修。英语听说教学内容可选择中医药英语简介和中医就诊场景英文对话的音视频，提高中医人才的英语口译能力。教师可以选择多种讲授中医发展的历史、中医基础理论、古典哲学文化等英译文章作为授课教材，加强学生阅读英文版中医内容材料的能力，并撰写英文读书笔记，锻炼中医药内容的双语翻译能力。对于文化特色突出的中医术语，在教学过程中可以《中医基本名词术语中英对照国际标准》为参考标准，必要时采取“音译+英译”的翻译方式，充分尊重中医特色术语与文化特征。在课程体系设计中进一步融合相应的中医应用场景和文化内涵，通过深入的讲解和分析，让学生能够更有效地掌握中西医理论文化差异和英语翻译技能，促进两者的有效融合。

2. 加强中医英语翻译师资队伍的建设

在跨文化背景下有效提升中医英语翻译教学效果，需要配备高水平的教师队伍，才能为教学质量的有效提升提供必要的师资保障。中医药院校英语教师要针对中医语言的主要特征和专业术语进行深入的了解，加强对《黄帝内经》《难经》《伤寒杂病论》《神农本草经》等中医典籍的理解，进而能够以扎实的英语语言功底结合中医理论知识进行翻译内容的讲解。同时也要充分认识到，中医英语翻译在教学本质上还是英语教学中至关重要的组成部分。因此，中医专业教师要强化翻译理论与实践的学习，了解诸如“异化与归化理论”“功能对等理论”“翻译行为理论”等主要翻译理论，从而以理论指导中医的翻译思路，进行高质量的教学实践。担任中医英语翻译课程的教师也要融合中西方医药领域的相关词汇和知识内容，对中国文化和英语国家文化进行深入认知和了解。在课堂上“以学生为中心”，引导学生对于中华传统文化和西方医学文化进行自主探究，以中国医药学理论与文化为基础，提升中医英语翻译的准确性，使学生能够掌握中医术语和典籍翻译的核心内涵，具备良好的跨文化交际和中医翻译能力。

3. 建立线上线下混合式中医翻译教学模式

在实际的教学工作中，要在最大程度上激发学生的学习兴趣，使学生对跨文化交际和中医英语翻译拥有更强烈的探索精神和学习热情，才能体现出良好的教学效果。而这一目标的实现需要改进现有传统课堂教学方法，开创灵活多样的教学模式。现今的计算机网络科技为传统“线下”课堂教学增添了“线上”形式，打破时间和空间的限制，为中医翻译教学提供了丰富的学习内容和多样的教学模式。教师可利用线上的网络微课、慕课作为教学活动的导入环节，展现中西方文化差异，增加学生对中医药理论与文化翻译的兴趣。包含读书本、听音频、看视频在内的多模态教学方式能够激活学生听觉视觉及中医翻译过程中的语言表达能力。高校教师也可通过网络联系设立在国外的孔子学院，了解当地中医药英文授课模式。中医药院校可加强翻译教学硬件及软件的投入，利用先进科技搭建真实的中医药翻译场景，提升中医翻译教学实效性，提高应用型中医药翻译人才的对外交流能力。

第四章　文体视角下的英语翻译教学探索

在现实的翻译实践中，翻译水平的提高与文体因素紧密相关。对各种文体研究的一个重要目的是探索语言使用得体与否，翻译研究也强调译文是否得体。生活中各种文体的表现形式多样，而翻译作为两种语言符号的相互转换过程，必然要重视相应的文体特征。翻译不可能脱离文体。实际上，译文文体的得体与否正是翻译作品质量的重要尺度之一。本章通过简要概括商务文体翻译、科技文体翻译、新闻文体翻译等内容，寻找提高英语翻译教学效率的措施。

第一节　文体与翻译

近半个世纪以来，随着科学技术迅速发展，国际交往日益密切，为了满足交际和交流思想的客观需要，应用性文体大大地发展并丰富了文体学的研究，语言教学方面对此也有所反应。直到 20 世纪 80 年代，随着系统功能语言学的发展，人们才从语言功能的角度把各种传递信息的语篇划归为实用文体。实用文体包含的语篇类型十分广泛，涉及社会生活、经济活动、科学技术、工农业生产、新闻传媒等方方面面，如商务文体，法律文件、科技文体、新闻报道等。

一、文体

文体是指文章的风格或体裁，有广义狭义之分。广义的文体指一种语言的各种文体，如口语体、书面体，而这两者之中，又各有若干文体，如在口语体中，会议发言显然不同于家庭闲谈，同样是书面体，出布告用的文体就有别于给朋友写信的文体。狭义的文体是指文学文体，包括作家的风格。我们所接触的各种语言资料大体可分为应用文体、新闻文体、科技文体、文学文体和商务文体等。有些翻译书籍把语言资料细分为应用文体、广告文体、新闻文体、科技文体和文学文体。把广告类也单列为一种文体。把我们所接触的各种文字资料相应地以文体分类，可以使我们相应地了解各种文章类型的不同特点，从而在翻译的过程中多加重视，提高我们的译作水平。

译文除了应密切注意作家的个人风格或作品风格之外，还应适应文体上的需要，译者通常要注意到文体上的需要，因为文体与题材是有着密切的关系，不同文体有着不同的题材，译文也要根据作家个人风格或者对作品风格的理解做出最合适的翻译，这样做到了达意也做到了传神。因此，文体因素对英语的翻译有着巨大的影响。

二、实用文体的翻译特点

文体学是篇章语言学的一个分支，通过研究篇章主要特征与其他特征间的关系，阐明篇章的文体风格。① 根据文体类型、翻译理论还有语篇在翻译实践中的特点，可以把文体翻译划分为实用文体翻译和文学翻译两大基本部分。实用文体翻译可以进一步划分为新闻翻译、旅游翻译、广告翻译、科技翻译、法律翻译、公文翻译等。这样划分是因为非文学翻译具有以下几个特点：第一，翻译要求的翻译目的确定了翻译策略，是用来满足客户所需的译文；第二，要注重语言的准确度，规范程度；第三，译文在追求翻译效果的同时要忠实反映原文意思；第四，要满足译文的实用性和读者的可理解性。所以，翻译实用文体时，译者要充分考虑语境和语言的实际功能，根据不同语篇类型和译文功能来选取相应的翻译策略，并可以利用一些翻译软件来提高翻译的效率和效果。当然，也不能排除译者和原作者的不同历史背景、知识结构、个人经历等方面存在的差异。因此，在这样的情况下，译文的效果会与原文存在一定的差异。

① 王若，周健，杨森. 基于翻译文体学的实用翻译研究［J］. 天津城建大学学报，2014（2）.

实用文体翻译和文学文体翻译本质是相差非常大的，文学翻译的文学作品是用文字的一种艺术创作，它是以文字的形式来传递思想、宣泄情感、塑造人物、描述场景的，是可以给读者以形象上的感染的，① 因此文学翻译需要译者把握好原文的语言特点、历史背景、作者风格来进行翻译活动，其实是在原文的基础上进行二次创作。可见，对于不同的文体，翻译的要求是不同的，可以根据翻译效果和目的来入手。比如广告和宣传语的翻译，它们都是在不同的媒介中反复出现的，目的是要引起消费者或者受众的注意，因此，在翻译策略的选择上就不能拘泥于一字一句的照搬，而是应该以目的为准则，采取能够加深消费者和受众印象的意译方式。信息型语篇要注重其内容和信息的传递，比如科学技术性的语篇，在翻译的时候尤其要注重其专业术语的释义，还有就是其语篇的关于细节的准确描写。关乎法律方面的语篇，就要注重其严谨的措辞和精确性的表述。而对于现在正迅速发展的影视作品翻译，则注意的点就更多，要考虑影视作品的口语化、人物性格特征、情景化观众群体的水平等，并且还要兼顾视听、审美、宣传、娱乐等性质，好的译制作品应该是与原作品有浑然一体的感觉，译制的效果不能显得突兀，要让观众自然、逼真地领略译制作品。

三、文体翻译的标准

文体是否可译在翻译界一直是个热点话题，著名翻译家奈达提出的动态对等强调译文对译文接受者所起的作用要和原文对原文接受者所起的作用大体对等。要达到动态对等，译文不仅要忠实地传达原文内容，还应忠实地体现原文的文体特征。由于中英两种语言在语音、词汇、句法、修辞、篇章上的差异，译文完全忠实地体现原文文体是不可能的，但译者应在条件允许的情况下尽可能地保留原文的文体特征，从而译出忠实的译文。翻译的标准是指导翻译活动的准则和衡量译文质量好坏的尺度。实用文体的翻译主要有以下几个标准。

---

① 柴冒臣. 高校实用文体翻译教学研究［J］. 成才之路，2017（23）.

（一）正确

实用文体的翻译不论全译、选译或综述，以正确传达原意为第一要义，特别是在表达空间、时间、位置、价值等概念时更需精确，切忌主观臆断。为此在理解原文的前提下，领用反映相关概念的术语或专业（行业）常用语来表达。

实用语篇，无论书信、合同、报告、标书，甚至论文、新闻报道等都有一定的程式。程式是与已定内容相关的形式。为了表述某一特定的科技内容，可用的形式有表格、报告、论文、文摘、标准、专利说明书（假如这一内容有首创性）、专著等不同形式，或简或繁，或长或短，或深或浅，皆根据不同的需要，选择不同的程式。文字格式也包含在程式内。有些字句的表达已成俗，译法也大致固定。

（二）通达

通顺达意是翻译的一般标准。为此，翻译时经常要采用引申、增词、减词、调整词序以及一些变通的手法。一味遵循字面意思直译难免会使译文生涩难辨，不但没有可读性，还会造成理解上的障碍。

（三）适切

根据实用语篇特定的功能和目的，译文需适合译入语国家的政治语境、文化氛围、方针政策和技术规范。为此，译文有时必须加以调整。此外，由于市场经济的运转速度加快，各行各业都重视时效，时间即金钱已成商场信条。因此，译者要在保证质量的情况下提高翻译速度。没有速度就没有翻译任务，过去“慢工出细活”的做法已不可行，现在的要求是既要质量好，又要译得快。

四、翻译教学中的文体意识培养

讲授基本的理论与技巧后，翻译教学势必要在中后期阶段探讨更高层次的功能文体问题。译者只有掌握英汉语各类文体的语言特征，才能使原文与译文与原文的文体相适应，从而实现相应的最佳表达效果。文体翻译研究已有不少时日，文体翻译在教学的中仍占很少比重。因此，在翻译教学之前或同时，应把重点放在培养学生的文体意识上，只有这样才能使学生对各种文体形成分析和鉴赏的能力，从而对文体翻译的认识上升到理性的认识。

翻译教学中文体意识的培养从属于文体翻译研究，是在文体翻译批评的框架里进行的。文体意识是关于实现文本文体的全部思维操作技术的特征、倾向、选择、实现的思维行为。在翻译教学领域而言，文体意识便是对原文文本中各个层面的文体特征与文体意义的识别与分析，追求原文与译文在文体功能与表达效果上的相互适应。在翻译教学中，培养学生的文体意识，便要通过对文本进行文体分析，进而提高学生的文体分析能力。正如翻译的过程分为理解与表达，在翻译教学中，我们可将文体意识的培养分为识别解读文体和选择操作文体两个阶段。

（一）识别解读文体意识的培养

文体学的批评范式可从分析语音、词汇、句法、修辞、篇章等入手，拥有一套可操作的批评程式和方法。从这个意义出发，识别解读文体便是识别和解读原文文体在语言层面的特征，领会其具有的文体功能与表达效果。在翻译教学中，教师可以有意识地提供典型语料作为分析的对象。

一般来讲，原文用的是书面体，那么译文就不宜用口语体；原文非常正式，那么译文也要很正式；如果译文是科技文体，那么译文就不宜译成文学文体。总而言之，译者不仅要注意体裁的类别，而且要关注原文语域的范围。有时候，即使能够识别出语言变异现象，但在解读过程中要注意区分翻译策略的运用，因为译文不仅要关注原文的语域，还要注意是否符合译入语的行文习惯。

（二）选择操作文体意识的培养

翻译教学中的文体选择操作意识是指对原文的文体意识进行识别解读后对译文文体做出自觉的、适切的选择，并对这种选择进行必要的调整和修改，以使译文在文体特征与表达效果合乎规范。一般而言，文体的选择主要包括对体裁、语域的选择。对于体裁的分析，往往聚焦在语篇结构、文体风格、社会功能等方面；而对于语域的分析，则集中于分析其中的参数——语篇语场、方式和基调。文体翻译的选择操作就在于使译文与原文相互对应，保证语言在具体使用中与其使用场合、交际目的、交际对象之间保持一致、协调的关系，保证信息传译中的适切。文体识别解读与文体选择意识的培养是可以逐步实现的。经过教师多次例证与说明，学生在自觉地对文体识别和解读后会很灵活地掌握文体选择方法，做到使译文文体的适切。

第二节　商务文体翻译教学

随着国家国际地位的提高，越来越多的外商进入我国进行商业投资，对于具有外语专业知识又有一定翻译能力的人才需求是愈加迫切的。尤其是外语的高频率使用，现已成为世界通用的国际语言，在这种全球国际化的大舞台下，专业的外语翻译人才是十分短缺的。在实际教学中学生成绩较好，但是一碰到翻译就面露苦涩，主要是因为外语翻译能力的欠缺。在普通高校中设有商务英语课程，解决了我国专业型翻译人才缺失的漏洞。而对于商务文体翻译的教学可以帮助学生更好掌握商务英语，帮助他们进行商务贸易。

一、商务文体的语言特征

商务英语属于应用性语言，是商人们在从事国际商务活动中所使用的语言。该语言有明显的行业特征，下面我们就对商务文体语言的特征进行介绍。

（一）商务广告的语言特征

广告文体是商业价值很强的实用文体，是实用文体中表现出“实用”特征非常明显的文体。广告的作用在于宣传，目的在于达到某种经济效果。做广告的目的是推销产品或推出服务。广告本身应该是有吸引力和形象化的，不同于其他的文体形式。俗话说，一字千金。这句话用在广告语言上的确恰如其分。广告语言既要充分地介绍广告的内容，又要设法节省篇幅和时间。文字广告通常包括标题、正文、广告语三个部分。标题是表现广告主题的句子，一般语言精练、新颖、富有吸引力，反对夸大其词。正文是广告的主体，一般包括三个部分：商品的特性，包括品名、产地、规格、作用等等；与公司的联系方式；对用户所承担的责任。广告语是品牌传播中的核心载体之一，一般选取有冲击力、感染力的语言，令人在感情上产生共鸣，过目不忘，从而在与消费者的沟通中起到有力的桥梁作用。广告语的设计往往会强调信息的单一性，因此一般以 6～12 个字的短小精悍句子为主。

商务英语广告的用词以普通词汇为主，但往往其中会带有情感诉求或文学价值。总的来说，商务英语广告具有使用单音节词语、使用形容词、使用错拼和生造词、使用缩略词、重复用词以下语言特征。

（二）商务合同的语言特征

1. 语义层特征

商务合同的语义层特征主要指的是就财产利益在一致同意的基础上，达成的权利与利益的承诺，并且对违约提出的补偿。这要求在语义表达上要体现出法律的严谨性、客观性和公正性。要求从语义角度体现出内容的详尽性，并且就可能出现的情况进行分析，从而明确各方应负的责任和享有的义务。商务合同涉及的较为广泛，为了避免合同出现歧义、误解和漏洞的问题，在语义关系上更注重逻辑结构的完整性，能够在保证语义衔接的基础上，科学地使用照应、省略与替代语义表达方式。商务合同中的语义有非结构性与结构性两种。首先，非结构性的语言主要围绕着词汇的搭配展开，强调科学地运用同义词、近义词与反义词。例如，要求合同中的称谓贯彻合同文本的始终，对反复出现的标的做同一表达。其次，语义结构的特征主要指通过商务合同文本的标准、正文、落款等达到特定意思，例如标题有：出口合同、买卖合同、技术合同等。正文由前文、主体、尾文等组成，其中的条款包括了必备条款和附加条款等。尾文包括了日期、合同语言、份数、页数等内容，从而在结构上保证合同的一致性与严谨性。

2. 语法特征

商务全同文本为了满务商务活动的需求，在语法上呈现出较大的独特性。首先，商务合同表示物质过程和言语过程的句子较多，也就是指商务合同的句子主要描述如何做、如何说，拥有什么权利，以及应当履行什么义务等句子。其次，商务合同在语法中的限定成分相对较多，这些限定成分主要以过去分词短语和介词短语的形式出现，而且在过程中还要一些环境成分，从而更好地表示出条件、方式、时间与地点等意义内容。这样可以有效地避免合同引起误解现象，同时体现合同的严谨性、明确性。第三，商务合同使用了大量 somebody、some party shall do 等句式，从而表现义务与强制性内容，以便于进一步分清各自的权利与义务等。第四，商务合同使用了大量的被动语态的表达方式，这样更有助于明确各方的权责义务，可以使合同的表述更加清晰。第五，在功能文体学视角下可以发现商务合同使用了更多的名词化结构的表达方式，这样有助于达到简洁、准确、正式和客观的要求。

3. 词汇特征

词汇要在准确严谨的基础上满足合同文本构建的需求。[①] 功能文体学习视角下的英语合同文本的用词更注重使用正式词、专业词、古体词与并列词。首先，正式词的数量在英语合同文本中使用的数量与频次是最高的。例如，purchase、instruct、absolve 等。其次，英语商务合同还运用了大量的专业法律词与行业专业词，这些词汇有效地避免了合同文本的歧义问题。第三，商业合同的古体词较多，这些主要由副词或复合副词组成，如 here、there、where 等。第四，在英语商务合同中还有类似于 and、or 等并列词，这些词对于提高合同的确定性有重要价值。

4. 字位特征

字位特征主要体现在字母的大小写与条款内容的排列方面。例如，有些句的字母大写，在商务合同中的缩写，以及突出强调句子的字母大写等现象。现代商务合同存在着大量的缩略词现象以及术语词汇内容，这些有特殊价值的内容应当更好地体现出字位特征，着力从字位角度进行有效辨识。而且，商务合同应当体现出租赁、买卖、处置、分配等独特的格式特征，从而有效地避免歧义现象，达到有效构建商务合同目标。

① 杨智新. 功能文体学视角下英文商务合同的文体特征分析［J］. 学周刊，2018（23）.

（三）商务信函的语言特征

信函文体主要是指在公务往来过程中使用的一种文体。行文具有一定的格式，具有庄重得体的特点。[①] 商务信函文体一般比较正式，用词讲究，信函既要体现正式规范的格式文体，又要讲究委婉、客气。商务信函的文本特点通常被概括为“5C 原则”，即：Correctness（准确），Clarity（清楚），Conciseness（简洁），Completeness（完整），Courtesy（礼貌）；或概括为“7C 原则”，即：Correctness（准确），Clarity（清楚），Conciseness（简洁），Completeness（完整），Courtesy（礼貌），Concreteness（具体），Consideration（体谅）。此外，商务信函的文体会随着通信双方关系的变化而变化。如初次打交道所写信函一般比较正式，用词格外礼貌。而随着交往的加深，彼此双方比较熟悉，信函的文体会变得较为随意。具体来说，商务信函具有以下几点特征。

1. 选词正式，具有公文性质

商务信函是正式的、公文性质的函件，因此，在文体、遣词造句方面要比普通信函讲究，用词往往正式、严谨、规范、朴素、准确。

2. 用词客套、委婉、礼貌

在商务外贸中，每笔业务的达成都与贸易双方的密切合作有着很大关系。因此，在商务活动中应使用客套、委婉、礼貌的措辞。例如，在传递令人满意信息时，措辞用语要讲究客气；提供令对方不满意的信息或向对方表示不满时，更需注意辞词用语的客气、委婉；收到对方的询盘、报盘、还盘或订货等，不管能否接受，都要以礼貌的语言表示诚挚的谢意等。信函的最后还要有表示问候的结语，常见的有正式的结语问候、亲切的结语问候、轻松的结语问候等。

（四）商务说明书的语言特征

商品说明书是关于商品的构造、性能、规格、用途、使用方法、质量保证、维修保养、销售范围、免责声明等方面的文字及图示说明。这种文体的语言特点具有描述性，句子结构简单，多用祈使句型，有较强的科学

① 项丹. 商务翻译的文体分类及其翻译研究［J］. 现代英语，2020（17）.

性和逻辑性，语言客观精炼，用词精确，注意名词、动词、形容词以及复合词等实词的使用，并具有说服力。大部分说明书还有插图清晰直观。

（五）商号、商标的语言特征

商号又称字号、企业名称，指的是各种商务单位的名称——商务主体所有的、在商务活动中使用的、具有明显识别价值的专有名称。商号作为专职公司、企业、商店、银行等各种商务单位的名称频繁地出现在人们的生活当中。商号具有指代、区别、说明的功能，用词明白简洁、通俗易懂，较少使用生僻词。商标则不同，其词的来源有多种途径。

二、商务文体翻译的原则

翻译过程中，译者应遵循一定的标准与原则。“忠实”和“通顺”是两项最基本的原则。只有将“忠实”和“通顺”很好地结合在一起进行翻译，才能保证我们对译语质量的基本要求。此外，商务文体的翻译也要遵循准确性和统一性的原则。

（一）忠实性

“忠实性”原则是商务英语翻译人员必须遵循的首要标准。所谓忠实，就是指忠实于原作的内容。译者必须把原作的内容完整地表达出来，不得有任何篡改、歪曲、遗漏或任意增删的现象。商务英语翻译必须忠实原文，做到信息对等而不是相似，不得随意发挥，不能篡改、歪曲、遗漏原文所表达的思想。但是，要注意的是，所谓忠实的反应并不是忠于原文的语言表达形态，而是忠于原文的内容意旨和风格效果。

（二）通顺性

所谓通顺，就是指译文语言必须通顺易懂，符合规范。将一种语言翻译成另一种语言后，译文要流畅、明了、易懂。译文必须是清晰明了的现代语言，纹理通顺、结构严谨、逻辑清楚，不能出现逐词死译、硬译的现象，不能出现没有语言晦涩的现象；必须规范化，即所用的词汇、短语、句子及语法都必须符合本语种、本行业的一般规范和习惯，用词要准确，文字不晦涩，不生硬、不洋化。

（三）准确性

准确性是商务英语翻译的核心。所谓准确是指翻译要正确理解并选择词语，概念表达要确切，物品与名称所指正确，数量与单位精确，将原文的语言信息用译文语言完整表达出来，不曲解原义。

（四）统一性

所谓统一，即是指在商务英语翻译过程中所采用的译名、概念、术语等在任何时候都应该保持统一，不允许将同一概念或术语随意变换译名。“统一性”原则有利于商务英语译文的统一和规范。翻译时尤其要注重以下两种情况下的统一。

（1）有些词语的翻译必须保持同一种译法，尤其是合同中的专业术语和关键词语都有着严格的法律涵义。为了避免歧义，翻译这类词语时一定要透彻理解原文的内容要求，准确完整地传达合同文件的精神实质。

（2）有些术语以及专有名词在长期的翻译实践中已有了固定译法，沿用已久。即使这些译名不符合规范，不够妥帖，错误明显，但沿用已久，如重新译名，反而引起混乱，不利于译名的稳定和统一。在对商务文体进行翻译时，一定要谨遵上述四大原则，以保证译文的质量。

三、商务文体翻译的课堂教学构建内容

（一）明晰教学目标，梳理教学内容

明确商务文体翻译教学目标，重新整合教学模块和项目是开展教学活动、构建生态课堂的基础。翻译是涉外服务从业人员必须具备的一项重要的职业能力，突出任务的实用功能、完成时效、流程规范等，属于应用翻译的范畴。商务文体翻译是跟单员、外贸业务员、跨境电商客服等与外语相关岗位的一种工作工具。

根据教学目标，在教学内容的取舍上，基于学生的岗位工作流程和任务，梳理出职场新人、熟悉公司、客户接待、业务拓展和业界精英五个模

块。职场新人模块包括商务名片翻译、公司名称翻译、公司简介翻译；熟悉公司模块有商标商号翻译、产品说明书翻译、商业广告翻译；客户接待模块有景点名称翻译、景点介绍翻译、公示语翻译、中餐菜谱翻译；业务拓展模块有商务信函翻译、外贸单证翻译、商务合同翻译、国际展会翻译；业界精英模块包括企业网站翻译和商务报告翻译。基于工作岗位，源于工作任务，围绕教学目标，教学内容由易到难，翻译任务由简到繁，为开展生态的翻译课程教学提供了基础和依据。此外，开展多模态、立体化课程资源库的建设，如拍摄教学微课视频、制作图文并茂的教学 PPT、整理翻译习题、提供翻译自测卷、知识点气泡标注（手机扫描二维码，获取知识点的解释）等。翻译作为跨文化交际活动，翻译课程却通常缺乏对母语文化的介绍和中西方的对比和融合。因此教师需要在课堂上讲授英汉语言、思维和文化差异等内容，引导学生关注母语文化，提高文化敏锐度，增强文化自信。

（二）在商务文体教学中实施第二课堂

大多数高校的商务英语翻译课程课时不够长，如果学生单单靠在这两个课时的时间里做翻译是远远不够的。因此，教师要给学生布置一定量的翻译作业，以便让其在课下时间完成。等到下次上课的时候，让学生分别展示自己的翻译，和大家一起讨论，最后由教师对此进行纠正和评价。教师要把学生的课外翻译作为平时成绩，并纳入期末考核中，这样可以激发学生的积极性和主动性。另外，教师还可以把学生分成若干翻译小组，并选出组长。每组组长负责召集和带领本组成员进行翻译实践。然后，再让小组之间进行互改彼此的翻译，再做出大家统一的版本交给教师，由教师对其进行批改和评价。小组合作更加能够激发学生的翻译热情和积极主动性，使学生互相监督，取长补短，共同进步。应用翻译必须实现预期的目的与功能，而这种目的与功能可以不同于源语文本的目的与功能；应用翻译工作者在翻译过程中有极大的能动作用，即享有相当的翻译自由度与创意空间。因此，教师要通过向学生讲述翻译实践经验的重要性来鼓励学生在课外的翻译中发挥主观能动性，不必拘泥于原文形式，只要译文能起到预期的作用即可。另外，教师还应鼓励学生自觉地通过网络等手段获取尽量多的资源来进一步积累和提高其翻译能力。

在翻译教学实践中，教师应向学生引入功能目的论并鼓励他们充分发挥主观能动性，来对原文进行编译、摘译或改编等，以期达到预期的目的。要保证应商务文体翻译的效果，翻译时应注重文本功能的传递和读者的理解。也就是说，为了达到翻译目的，要引导学生充分发挥其译者主体性。并且，在翻译过程中，注重培养学生的商务意识，让学生甩开作为学生的身份，把自己看作是专业的从事商务活动的一员来进行全真的商务翻译模拟实践。

（三）建立“事后追惩”机制，实施动态评价

翻译是一个在不断探索过程中生成的、非线性的过程。① 注重过程和翻译主体取向的考核评价体系是商务文体翻译教学系统中不可缺少的一部分。摒弃传统单一的教学评价方法，课程中与翻译教学相关的智力成果及表现计入课程总成绩，作为评估学生翻译能力的一手材料。注重过程性评价能有效激励学生积极主动地学习，并能使学生重视自己的学习过程。

商务文体翻译是语言维、文化维、交际维的三维转换，将翻译局限于语言层面的转换过于狭隘。交际维的转换强调在语言维和文化维的基础上，翻译应该达到良好的交际效果，为目标语市场和读者接受。课程与企业开展合作，引入校企合作项目，将合作公司产品的文案内容作为课程的实践素材，学生按照公司的业务需求进行翻译。校内指导教师和公司翻译人员共同对学生的翻译成果和翻译过程进行评价，每月对学生的翻译质量进行优、良、中、及格四个等级的定级，实施级别的动态管理，定级结果作为课程成绩、翻译费用的重要考核指标。这是“适者生存”这一翻译生态环境的自然法则对译者行为和表现做出的“事后追惩”，有利于学生反思翻译过程，查漏补缺，从而更好地做到“译有所为”。

（四）在商务文体翻译教学中构建生态翻译主体关系

翻译生态指翻译主体之间及其与外界环境的相互联系、相互作用的状态。这里的主体是广义的，即参与翻译活动的一切生命体，包括原文作者、译者、读者、翻译发起人、赞助人、出版商、营销商、编辑等，即

---

① 陈红光. 高职商务翻译课堂教学生态的构建［J］. 高教学刊，2019（26）.

“翻译群落”。在商务文体翻译课堂中，翻译群落包括企业、学校、教师、学生、项目经理、译员之间的生态关系，他们直接影响课堂的教学效果。建构企业与学校，教师与学生，项目经理和译员的和谐关系，是课堂生态的重要部分。

师生是课堂生态系统中的两大主体因子。师生关系是否融洽直接影响到课堂生态。在生态课堂中，教师的身份有了重大的转变，成了翻译工作坊教学的积极“参与者”，而不是“一言堂”的讲授者；成了翻译任务实施过程中的“协助者”，而不是任务的“布置者”；成了学生问题的“解决者”和“答疑者”，而不是高高在上的权威。课堂真正成了学生的课堂。教师在帮助学生进行翻译时要着重对文体格式的考查，使学生明确文体规则的重要性，自觉在翻译时做到严格遵守商务文体翻译规则。

第三节 科技文体翻译教学

一、科技文体特点

科学技术的迅速发展使得科技文体翻译在国际交往中的作用日渐突出。科技文体涉及的内容广，专业性强，文本形式规范，语言客观准确。科技文体的范围广，可以泛指一切论及或谈及科学和技术的书面语和口语，如科技著作、科技论文和报告等等，科技文体不具有华丽的辞藻，并没有太多感情色彩，所以在翻译时，译者必须从整体上把握科技文体的特点，根据不同的语境、篇章具体采取不同的翻译方法。

（一）科技词汇

科技词汇是词汇构成的重要组成部分，科技词汇（科技术语）是科技信息的载体，与普通词汇相比，科技词汇在解释现象、得出结论中其词义更为专业。随着科学技术迅猛发展，科技词汇的数量也不断增加。因此，我们要了解科技词汇的来源，从而掌握构词规律，正确理解科技英语词汇的词义。

1. 科技词汇来源

英语词汇起源于希腊语和拉丁语。根据一项数据表明：以一万个普通英语词汇为例，约有 46%的词汇起源于拉丁语，7.2%起源于希腊语。[①] 尤其在专业性极强的科技英语词汇中，这种比例会更高。之所以希腊语和拉丁文能成为科技词汇的基本来源，究其原因是这两种语言都是“死”语言，不会随科技发展而引起词义变化，也不因一词多义现象而引发歧义，这能体现科技英语中准确的特点。与此同时，隐喻也是科技英语词汇构成中另一个重要来源。因大量新生科技事物的出现让人们难以迅速理解其专业性，这时通过认知隐喻来为新生事物命名可以让人们借助熟悉的事物去认知新事物。

2. 科技词汇特点

科技词汇包括以下三类：①普通术语转化为科技术语，即被赋予新义的常用词，除本义之外，在不同的学科被赋予不同的专业词义。②纯科技词汇，这类词汇的特点是词型长且带有具有固定含义的前缀或后缀，大多起源于希腊、拉丁等语言的词根或者词缀。③语法合成词（新造词），如今科技迅猛发展，大量科技新词以借用、合成法、缩略法或派生词等形式出现。科技词汇还大量使用名词化结构的词汇。名词化结构的词使句子少用人称主语，使篇章的结构严谨，简洁明晰，信息容量大，可以充分体现科技文本的整体性、抽象性及客观性，[②] 因此，一些名词化结构的词广泛用于科技文本中。

（二）科技文体句法特点

在句法方面，首先，科技文体在人称的使用上，为强调文章的客观性，在科技文体中大量使用无人称句。科技文体主要阐述科学事实、研究发现、试验结果等，主要用来说明科学技术活动所带来的结果、证明的理论或发现的科学现象或规律，而不侧重行为的发出者。其次，科技文体中

---

① 张起铭，段鸲金. 浅析英汉科技文体翻译策略［J］. 北方文学，2019（20）.

② 赛汉其其格. 科技文体翻译原则及翻译方法［J］. 赤峰学院学报（哲学社会科学版），2017（2）.

使用一般现在时最为常见，以叙述客观事实，表达科技真理的普遍性。第三，句式结构上，名词化结构，省略、倒装、割裂句式以及大量被动语态的使用，表达更具客观性，着重强调存在的事实，这让科技文体在结构上变得更为复杂。第四，常用非谓语动词，科技文体中常常使用分词短语代替定语从句或状语从句；用分词独立结构代替状语从句或并列分句；它们能准确地反映出句子各成分之间的内在联系，让句子更紧凑。

（三）科技文体语篇特点

首先，在科技语篇中，中心词会多次重复出现，这可以减少语言在传递中产生的歧义，让读者更容易准确理解作者所要论述的客观事实或复杂的认识过程，这无疑体现了科技英语的准确性。其次，通过逻辑连接手段的运用，读者可以了解句子的语义联系，甚至可经前句从逻辑上预见后续句的语义，体现了科技英语的逻辑推理性和严密性。

二、科技文体翻译策略

下面将根据科技英语的翻译标准：忠实准确、通顺流畅、规范专业这三点原则，结合科技文体特点，讨论其翻译策略。综合上述科技文体的词汇、句法、语篇的特点，将围绕这三个方面展开讨论并研究翻译策略。采取合适的翻译策略、对实现有效翻译、架起交流桥梁十分必要。

（一）根据词汇特点翻译策略

首先，对于第一类普通词汇专业化，这往往是翻译过程中的难点，要把握词汇的基本含义，进行横向和纵向延伸，但不可随便妄加猜测仍需要进一步查实验证。对于第二类的纯专业词汇以及第三类的语法合成词（新造词），这一方面需要大量积累，另一方面要熟练掌握构词法，其中包括了合成法、派生法、缩略、截短、混成等多种方式。对于大部分的合成词及派生词，一般采用直译法，通过语义分析找到中心词，同时，英语科技词汇中大量的前缀及后缀的意义的掌握对于词汇确切的含义大有裨益。例如，micro-微，anti-反，auto-自动等。与此同时，掌握下列两种方法也是十分必要的：1. 调整法：例如："feed glass washer"，翻译时可先将 glass

（玻璃）前置，译为“玻璃眼垫圈”；又如“carry skip adder”，翻译时先将skip（跳跃）前置，译为“跳跃进位加法器”。2. 转换法：“sensitive drilling machine”，其中“sensitive”原意是“灵敏的”，但在翻译时要进行转换，译为“手压钻床”。而对于隐喻词汇翻译，可采用意译法进行意象转换，例如，“I-beam”，可按照汉语思维对其进行意象转换，译为“工字梁”“U-steel”译为“马蹄钉”“Cross-bit”译为“十字钻头”等等。

（二）根据句法特点的翻译策略

科技文体的标志用语有其自身的特点，因此，在翻译时应将其客观性、真实性、简洁性翻译出来。对于名词化结构以及大量使用被动语态的现象，前者的翻译方法是广泛使用表达动作或状态的抽象名词。也可以将其转换成谓语动词进行翻译。而被动语态的大量使用一方面体现了科技文体的严谨客观性，另一方面，突出了信息重心和关注焦点，但也为翻译工作带来很多困扰。因此，翻译策略从以下几个方面展开：第一，可以译为汉语的被动句，除了汉语中的“被”以外，可以运用“遭”“受”“为……所”等等在汉语中呈现被动含义的词。第二，译为汉语的主动句，中文中常以“人”为中心，所以在翻译时，可将其译为形式上主动而意义被动的完全主动句。第三，被动语态是强调对状态的客观陈述，特别是对静态的陈述，因此，英汉翻译时，可译为“是……的”的判断句。最后，对于大量分词、动名词、不定式的翻译，可将名词动词化译出。

（三）根据科技语篇特点的翻译策略

因此，在翻译中结合科技文体语篇特点，为了让科技译文行文主次有序，脉络清晰，译者要注意语篇之间的逻辑衔接，让文本更加连贯，可以采取如下翻译策略：摹写、变更及删减源语言文本的衔接和连贯。同时，关注汉语和英语之间衔接的基本特点，汉语中，按照逻辑衔接较少，运用隐形衔接，但英语中注重衔接，凸显英语语言中的结构完整，译者对此应多加注意。

三、科技文体翻译教学对学生综合能力的培养

科技翻译教学不仅在于词汇、句式、篇章层面的翻译教学和翻译实践

的练习，更在于对翻译专业学生综合素质和能力方面的培养。

（一）科技词汇层面术语翻译能力培养

科技翻译属于专业翻译领域，科技英语在语言层面的特点为以高科技词汇、专业术语为主；大多数含有希腊语和拉丁语的词缀、词根等，以符合科技英语词汇方面词义准确、意义专一的要求；许多术语词义还具有多专业化特点。科技翻译在词汇方面的翻译标准是精准、规范和统一。

由此可见，术语翻译是科技翻译的核心载体，术语技术层面，术语翻译是否规范是衡量科技翻译规范性的重要指标之一，而术语翻译能力也是衡量一位科技翻译人才是否专业的重要因素。[①] 译者术语能力指译者通过专业知识学习和实际训练所形成的术语翻译综合能力，包括译者的术语识别能力、术语处理能力、术语工具能力和术语管理能力。科技翻译不同于文学翻译，文学文本出于对文本审美性的考虑，会增加词语的变化度，如采用“一词多义”或者同义词让文本显得更为丰富；科技文本的翻译标准为准确忠实、规范统一，所以对于专业术语的翻译应该统一、避免产生歧义。除此之外，术语的翻译往往和文化结合起来，利用修辞手段，生动形象增加科技文本的准确性和科学性，从而促进信息的传播。

妥善处理术语翻译成为科技翻译的重点之一。在科技翻译教学过程中采用实践性和任务型的教学方式，通过实际案例分析和词汇构成法的教学，教授给学生术语翻译的基本策略，让学生通过上下文情景理解、实际翻译操练、借助网络等翻译工具，提高学生词汇层面的术语翻译能力和术语翻译的规范性。

（二）科技文体层面文体翻译能力的培养

所谓文体或语体是人们因交际环境、交际方式、交际对象与交际目的的不同而选择的具有不同功能的语言变体。在翻译中，两种语言代码的转换必然要忠实相应的文体特征，翻译不能脱离文体，而恰恰得体与否正是翻译作品高下的重要尺度。科技文体不同于其他文体，根据纽马克的文本类型论来看，科技文体属于信息类文本，显著特点在于重叙事逻辑上连

---

① 梅曦天. 科技翻译教学与学生综合能力培养［J］. 校园英语，2020（14）.

贯、表达上明晰与畅达来避免行文晦涩，避免表露个人情感，避免论证不足。由此可见，若译者文体意识不强，翻译出来的文本必然是“千篇一律”，文体翻译能力在“复合型行、应用型”翻译人才培养中显得尤为重要。本科翻译专业的学生虽具备良好的英语“听说读写”能力和基本的文学写作翻译能力，但文体翻译意识普遍较弱。科技翻译教学不仅在于翻译教学本身，更在于借助文体学的帮助，着眼培养学生对于科技文体不同于其他文体的区别、鉴赏和理解能力。文体翻译能力即在语音、语相、语义层面上，识别各种语言层面上、各种语言形式上的文体意义，并能够在译本中忠实再现的能力。科技文体在语言层面的特点为专业、纯科技词汇多，多由希腊语和拉丁语词缀派生，翻译要求精准、专业。科技英语中有许多术语的词义具有专业化的特点。科技翻译教学在词汇翻译方面要帮助学生培养文体意识，以便选取精准、专业的词汇。科技文体在句式层面的特点为句式完整，以长句、复杂句见长；多使用名词化结构和被动语态以保证客观性。文体翻译能力是专业型译者必备的重要能力，学生在进行科技文本的翻译时一定要有文体翻译意识，结合上下文语境和文体特点，力求翻译出文本的“原作之美”。

（三）文化层面跨文化交际能力培养

语言与文化是相辅相成的。作为文化传播的媒介，翻译肩负着沟通思想感情、传播文化知识、推动社会文明进步的重要任务。从一定程度上来说，“语言”的“转化”只是“表面”，而“本质”是“文化”的“传递”。因此，在对翻译专业的本科学生进行教育的过程中，教师不能将其仅仅停留在提升自己的翻译能力上，更要将重点放在对学生的跨文化交际能力的培养上，科技翻译教学也不例外。跨文化交际能力指的是，个体不仅可以与其他国家和地区的人们展开语言沟通，更重要的是，个体对两种语言的历史、风俗习惯、价值观和文化等都有了一定的了解，这是一种建立在语言能力之上的能力，同时它也是一种应用型和复合型翻译人才的必要的能力之一。

虽然科技文体与文学文体有很大的区别，它拥有人文、风俗习惯和民族文化的特点。但是，科技也与政治、经济、文化有着密切的联系，在文化背景下，人们的理解能力和交际能力也起到了很大的作用。在很多科技媒体中，为了增加作品的魅力，还会运用比喻等修辞手段，还会运用一些宗教文化的典故，如果译者不了解这些文化背景，就不能将科学作品中的信息正确地传达出来。所以，在科技翻译教学过程中，除了要在教学目标上注重对跨文化交际能力的培养之外，还应该在教学课程设置、案例分析的选择等方面注重对跨文化交际能力的培养。学生应该加强对中西方宗教、社会历史等方面的学习，以此来提升自己的跨文化交际能力。

第四节　新闻文体翻译教学

一、新闻文体的语言特征

英语新闻文体集现代英语之大成，涵盖范围广泛，内容丰富，是我们研究、掌握当代英语最直接的途径之一。经过长期的发展，英语新闻文体形成了独特的语言特征，主要表现在以下几方面。

（一）用词新颖

1. 频繁使用新词

当今世界日新月异，科学技术迅猛发展，为了适应现实生活的需要，一些新的表达法便伴随着特定的环境应运而生。可以说，新词在某种意义上是时代变迁、社会进步的一个缩影。而大众传播媒介是反映人们日新月异不断变化着的现实生活的最有效、最直接的途径之一。所以，新闻刊物不仅是报道新闻的媒介，而且成了使用新词的庞大机器和杜撰新词的巨大工厂。新事不断催生新词，有的新词一时间极为“畅销”，又很快过时、老化，成了干瘪无力的旧词。也正因为如此，新闻词汇常换常新。因此，频繁使用新词是新闻文体中的用词特点之一。新词在构成与表现形式上大致有以下几种情况。

（1）旧词转新义。有一类词早已出现，但是应用在新闻文体中，意思已经发生了变化，这就是旧词添新义。

（2）新事生新词。这是指因新事物的出现而催生出的新词，往往伴随着特定的政治、社会等环境而产生，具有显著的社会性，易于为读者所理解与接受。

（3）新近时髦词。这类词多数原为某些专门术语，但在报纸杂志上和人们言谈中，一段时间内风行一时。在翻译时应格外留心，仔细辨别，确定词义。

（4）派生新构词。派生新构词指把词根与前缀或后缀相结合所构成的新词。这种方法是现代英语构词法中运用最多的形式。

（5）即兴生造词。即在写作过程中临时创造或拼凑而成的，且多为应时应景而用，但却未能被词典收录也未能风行开来的词。它们并非凭空随意拼写出来，而是通过拼缀法派生而成，或用复合法组成的，其词义可以根据词的构成和上下文的文意推测出来。不过在翻译时应视实际情况作解释性的翻译，而不必刻意追求字面对应。

2. 借用各类语汇

除了频繁使用新词之外，新闻文体还借用外来语，如行话、人物名称以及常用俚语等，以求更贴切地表达词义，引起读者的兴趣。

（1）外来语。新闻文体经常从非英语的语言中借用一些词或词组。外来语的使用可以填补英语词汇的不足，翻译时应仔细品味这些词，准确地把握它们的表层意思及深层含义，用相应的汉语进行翻译。

（2）行话。报刊文字常借用各种行话，一方面可以迎合各行业人士的口味，使他们读后倍感亲切，另一方面，亦可增强语言的色彩和表现力。

（3）俚语。恰当地使用俚语可以使语言显得自然亲切，生动诙谐，新颖时髦。因此新闻写作人员常采用通俗的口语体语言来增强与读者的“亲和性”。对俚语的翻译应该搜索大致对应的汉语表达法，或在表述的语气上做文章，尽可能体现出俚语的“味”来，但切忌太过，以免媚俗。

（4）人物名称。即借用各国首都著名建筑物名称或政府首脑的姓名替代该国或其政府，或借用某个专有名词表示其特有的意义等，使读者读来更加生动形象。

3. 使用短词及缩略语

新闻标题必须具备吸引读者、提挈内容的作用，特别强调简明扼要，经济达意，因此新闻文体特别青睐小词、短词并广泛采用缩略形式。在报纸标题中，经常可看到字形短小的单音节词、首字母缩略语和首字母拼音词以及“截除法”而产生的缩写词。

（二）句式多样

英语新闻文体的句法结构灵活多变，不拘一格。首先，新闻文体的句式富于变化。在新闻报道中有省略形式，有倒装句，有借助副词、动词变化的句式等。形式多样、变化无常的句式使新闻语言生动活泼，趣味盎然。其次，新闻文体的句式富有弹性，句子长短不一，松紧兼备，有省略句、前置定语句、名词定语等句式。此外，新闻文体还大量使用嵌入式结构的句子。新闻报道一般段落较短，有时一个段落只有一个句子，但又夹用较长的定语和状语来提供背景材料和相关信息。

（三）巧用时态

时态的运用在新闻文体中有其独特之处，在标题中尤为突出。英文报刊新闻标题需言简意赅，不可能采用英语中的所有时态形式来浓缩新闻事实。英文标题中常见的动词形态有三种：一般现在时、一般将来时和现在进行时。

（1）用一般现在时表达已发生的动作，目的是增强报道的直接感和同时感。

（2）新闻标题中将来时态的表达形式除用一般将来时的“will+动词原形”外，更多的还是采用“be+to”结构，其中不定式前的 be 通常省略，以节省标题字数。因此，动词不定式在英文标题中可直接表示未来动作。

（3）对于正在发生的事或动作，新闻标题通常采用现在进行时“be+V-ing”这一形式，其中 be 通常省略，因此剩下的现在分词在英文新闻标题中就可直接表示正在进行的动作或正在变化的事件。

（四）多用被动语态

由于新闻报道中有时动作的接受者比执行者更为重要，因而被动语态在新闻文体的使用频率多于在其他文体中的使用。不过在新闻标题中出现被动语态时，被动语态结构“be+V-ed”形式中的助动词 be 通常被省略，剩下的过去分词在标题就可直接表示被动意义。在翻译时被动语态可以灵活处理，除非有必要突出动作接受者，一般可以不译为被动句。

（五）善用修辞

新闻文体常借助比喻、借喻、夸张、双关语、成语、典故、叠词、押韵等修辞手段表现出语言的美感和韵味，来增加新闻的可读性和吸引力。

二、新闻文体的翻译标准

在新闻语体翻译中，往往要有一定的创造性，才能将翻译文本与汉语的意思相吻合。通常，在新闻英语的翻译中，要先了解英语的句式，然后把它分解，提炼出重要的信息，再根据汉语的表达方式进行重组，这样就可以由形合句式到意合句式①。在保证消息准确的前提下，新闻的译文除了要满足英语新闻的风格外，还要具有一定的可读性。所以，在新闻语体的英译中应遵循两条准则。

（一）注重传播效果

沟通成效是衡量沟通成功与失败的一个主要标准。新闻报道的成败在很大程度上决定了其传播效果。如果一个传播者为了达成某个目的而发送一条讯息，但是却没有被观众所接收，结果是无效的，或者是起了相反的作用，这条讯息也就失去了它的价值。这就要求新闻的翻译要注意其传递的效果。

在翻译过程中，要对其进行归化和异化。异化指的是接受外来的文化，或者是外国的文化。归化指的是对外来的文化进行改造。异化的翻译就是一种移植，它可以让读者对异国风情、异国语言的特征有更多的认识，从而弥补本国文化的缺陷，从而使本国语言的表达方式更加丰富。而归化法则是将两种语言间的不同之处最大限度地减少，使译文读者阅读时有一种阅读原文的感觉。概括起来，就是要保持源语中的文化特性，而归化则是要将源语中的文化替换为目的语中的文化。

① 何恩. 形合与意合视角下新闻文体的翻译策略［J］. 新媒体研究，2015（12）.

（二）清晰易懂

新闻的翻译不能简单地将语言和文字进行简单的复述，而要达到准确、清楚、让人一眼就能看懂的目的，从而增强其传播效果。在翻译新闻时要综合各种场合，要留心两种语言之间的差异，要勤加练习，要做到原则性和灵活性相统一，不要一味追求文字上的“忠实”，而流于形式，也不要一味追求“通顺”，而失去了自由。译者的工作就是要做到原则性与灵活性的有机结合，要把握好精确与流利之间的辩证关系，要做到忠于原文、通顺，但也要有一定的灵活性。

三、新闻文体的翻译教学现状

（一）教学模式陈旧，教学内容单一

传统的“板书式”教学方法在新闻语篇中的运用不但很难激发学生的学习热情，而且会降低教学效果。与此同时，在新闻文体翻译的教学过程中，虽然重视对新闻文体的文体分析、语域分析以及体裁分析，但是因为可选择的资料比较落后，版本比较陈旧，所以造成了教学内容比较单一，很难满足教学的需求。

（二）教师专业水平有待提升

在英语专业的英语教学中，英语教师显得尤为重要。然而，目前在新闻风格翻译的教学过程中，一些教师不但没有丰富的经验，还没有对翻译给予足够的关注，他们自己的知识和职业素质还需要进一步的提升，他们缺少对新闻风格翻译的技能，没有充分地考虑到其特点，因而把其与一般的翻译方法相提并论，其后果不言而喻。没有经过专业训练的教师不但无助于学生，而且极大地制约了他们的翻译水平。除此之外，一些教师没有跟上时代步伐，没有对自己的学习进行强化，他们只是一味地模仿其他的教学模式，从而使新闻翻译丧失了应有的价值。

（三）学生语言文化素养不足

目前，在新闻体裁翻译的教学过程中，存在着英语基础不牢、语言和文化素质较低等问题。在对新闻作品的翻译中，很难做到对原作的准确理解，也不能做到行文流畅。所以，提高大学生的语言和文化素质是当务之急。

四、新闻文体的翻译教学优化策略

（一）改变教学模式，丰富教学内容

随着社会经济的迅速发展和科学技术的不断提高，多媒体技术的应用日益广泛。利用这个技术手段展开教学不但可以改变课堂上单调的学习氛围，给课堂带来新的生机，还可以充实教学内容，提高学生对知识的理解，激发他们的学习兴趣。在实践中，教师可以运用多媒体技术，用图文并茂、生动形象的方式开展新闻英语翻译课。在开始翻译前，可以让学生对所发生的事情有一个全面的认识，让他们对所发生的事情有一个比较清晰的了解，这样有助于他们更好地理解所发生的事情，这对于他们的英语翻译是很有好处的。这种教学方式能使课堂生动活泼、培养学生的英语翻译技能。

（二）加强师资培训

目前，我国的新闻翻译教师在理论和实践上均存在着较大的不足。因此，无论是在英语教学中，还是在培养人才上，都凸显出了很多的不足之处。所以，我们必须强化教师培训，为他们提供有关的训练，对我们在教育中出现的一些问题进行改进，消除这些缺点，采取一种科学、合乎逻辑的教育方式和行之有效的方式来提升我们的英语翻译能力。要想把学生的新闻翻译技能提升到更高的水平，就必须把教师的素质提升到一个新的高度，这样才能培养出一批能够满足社会需要的人才。

（三）培养学生的自主学习能力

在英语专业的英语专业英语课程中，教师应当重视对学生的英语自学能力的培养。[①] 此处从三个方面探讨了如何提高学生的英语自学能力。首先，扩大了学生的眼界和知识。当今社会，信息是如此之多，并且不断地

---

① 汪洪梅. 新闻语篇的翻译教学研究［J］. 西部素质教育，2017（22）.

在变化着，要使一个人获得信息，认识这个世界，仅仅依靠课本是远远不够的，因此，学生需要在课余时间里多看一些英美报刊，关注有关的文化背景、社会风俗、社会关系，扩大自己的眼界，这是提高自己的自主性的关键。其次，通过观看英美两国的影视作品，来学习他们的文化习俗。三是要加强对有关学科的研究，熟悉有关学科的英语表达方式，提高语感，掌握好翻译的精确度。

第五章　新媒体视角下的英语翻译教学探索

新媒体作为新技术的产物之一，实际上是将传统媒体加入了自己的阵营里，而这一改变恰恰是以数字化为前提进行的媒体技术上的变革。同理为了提升教学质量，激发学生的学习积极性和创造性，英语翻译教学也进行了多次改革创新，“互联网+”为英语翻译教学提供了新平台，开拓了更多的创新空间。本章将探索英语翻译教学在翻转课堂、微课和慕课这三种模式下的新发展。

第一节　翻转课堂与英语翻译教学的融合探索

一、翻转课堂概述

（一）翻转课堂的起源

翻转课堂又译为“颠倒课堂”，起源于美国科罗拉多州落基山的林地公园高中。林地公园高中因坐落在山区，地理位置偏远，学生常常需要花费大量时间往返课堂，且由于各种原因时常错过课堂活动，这成为困扰教师的难题。直到有一天，这种尴尬的情况得以改变。乔纳森·伯尔曼和亚伦·萨姆斯是学校的化学教师，2007 年春天，两人尝试使用屏幕捕捉软件录制 PPT 的播放和讲解声音，并将音像同步的视频上传到网络，让缺席的学生观看讲解视频。而那时，互联网视频网站、视频播放软件还处于萌芽阶段。他们引导学生和家长观看视频软件进行自学，节约了大量的课堂时间，并利用节约下来的时间组织学生进行实验研究和成果探讨，以此推进教学的广度和深度，为不同学习程度的学生提供帮助和支持。在此创造性的教学模式下，学生的时间更加灵活、自由，课堂上答疑解惑的时间也更加充裕。他们的教学模式很快被当地的教育系统推广应用，得到了更多的关注。而两位教师也经常被邀请宣讲教学理念，逐渐扩展到整个北美，影响了越来越多的教育人士。

（二）翻转课堂教学理念

翻转课堂是对传统教学课堂模式的颠覆，其主要依托现代化教学技术，实现教师与学生的课堂角色互换。即将过去教学课堂的主导者由教师变为学生，学生通过视频等方式进行课程学习，把以往教师预留的家庭作业放在课堂上完成，让学生进一步发现问题并与同伴进行交流探讨。[①] 学生在自主学习中锻炼解决问题的能力以及积累解决方法，增强自信心。

具体到教学实践中，教师需抓住翻转课堂的教学核心，利用视频激发学生思考，让其在课堂交流讨论中强化对科学知识的认知，促进学习效率的提升。通过课堂讨论与学习探究可以更好地内化学生的科学知识，提升其学习效率，让其明确学习目标，分清主次，明白视频只是翻转课堂教学的辅助手段，从而合理地支配课堂时间，把更多的时间用来自主学习。在翻转课堂教学模式下，教学环节的设计要以学生为主线，教师通过与学生的互动，了解学生对课程内容的掌握程度，有针对性地开展教学活动，做到因材施教。

二、翻转课堂与英语翻译教学相结合的优势

翻转课堂理论的最大优势就在于学生是学习的主体，这不仅符合教学改革的方向，也是英语翻译教学的必然要求。通过在英语翻译教学过程中实施翻转课堂理论，能够有效地弥补以往英语翻译教学中缺乏实践教学这一不足。因此，完善翻转课堂教学思路，大大丰富了教学内容，改善了教学体系，对推动英语翻译人才培养工作发挥了重大作用。翻译的实践性较

① 胡晴晴．翻转课堂理念分析［J］．小学科学（教师版），2021（8）．

强，要求学生经过长期的躬身实践并反复反思、总结经验，才能保障具备胜任翻译活动的能力。翻转课堂的核心功能就是通过学生的自主学习更新认知结构，提高其社会实践能力，理论上为两者结合提供了可能。

（一）翻转课堂符合英语翻译教学的特点

英语翻译是一门实践性很强的学科，需要通过大量的实际工作，逐步地积累技能、经验，从而提高自己的翻译水平。学生仅仅依靠有限的课堂授课很难有效地提高自己的翻译水平。

当前的翻译教学侧重于传授具体的翻译技能，以及针对具体问题的具体翻译方案，在教学方法上，还保留着传统的直线型教学模式，完全“以教师为中心”。这样的教学方式不仅造成了学生的综合知识水平的局限，同时，在实际操作中，也常常受限于教师的翻译经验，而缺少了为市场服务的翻译观念。

通过实施“翻转课堂”，教师可以在课余时间里，通过学生英语的表现、交流等方式，给学生提供更多的有针对性的练习机会，学生在此基础上逐步地积累了一定的技能、经验。所以，在英语翻译课中推行“翻转课堂”是一种与之相适应的教学方式。

（二）翻转课堂体现了新的教学理念

在传统的教学方式中，教师是课堂的主要参与者，学生只能从教师的解释中获得英语的知识，他们在课堂上呈现出的是一种消极的态度。在此基础上，教师以课本知识为中心，对学生进行相应的翻译技能训练。然而，在这样的教学方式下，学生一直都是处于一种被动的状态，不能将他们的主动性完全发挥出来，忽略了他们的课堂经验，从而使他们丧失了对课堂的兴趣。

然而，利用翻转课堂的教学模式，学生就能够对即将学习的知识模块进行预热，并做好预习的准备工作。翻转课堂为学生提供了预习的指导功能，学生可以通过在云平台上播放的课前指导视频来进行预习，提前完成课上要进行翻译的内容，并标记出有疑问的内容，以便在课上有针对性地详细解答。

与此同时，学生还可以按照自己的学习习惯来学习新的知识，在学习结束之后，他们还可以在云平台上将新的内容提交上去，这样教师就可以在云平台上查看学生的学习过程，并观察到他们的学习方向是否正确。这样的方式给学生的学习带来了便利，无论是在课前预热、课上听讲、课后复习，都可以快速省力，可以帮助学生培养自主学习的习惯。

（三）翻转课堂突破了课堂教学时间和空间限制

利用互联网的平台使学生可以自由地选择学习的时间、地点，并可以进行反复的学习。在教师讲授的新课程中，学生能够以自己的学习能力和知识掌握程度为依据来安排他们的学习进程，强化他们对新知识的理解，而且当他们对所学内容的把握不准确时，他们可以对所学内容进行重复的学习。

（四）翻转课堂构建了新的教学模式

英语翻译是一门很有实用价值的课程，要想使学生的英语翻译水平得到很大的提高，就必须对其进行反复的培训，并在实践中加以运用。然而，仅靠在课堂上的短期练习来学习翻译显然是不足够的。而且，由于每个人的英语水平参差不齐，这将会造成不同程度的差异，造成英语翻译的困难。

当前，英语翻译教学多以解决学生的弱项为导向，针对他们的问题而进行教学，但这样的教学方法不利于学生的个性发展。这将会慢慢地降低学生的积极性，从而影响到教学效果。借助翻转课堂的教学方式，可以突破传统教学方式在时空上的限制①，不依赖于上课的时间来完成对翻译的学习，学生在课后也可以与教师进行学习上的沟通，翻转课堂可以将传统的教学转向课后。

同时，学生们还可以依托“翻转课堂”这个平台与其他教师进行交流，为英语的实际操作提供了便利，学生在课余时间内可以积极地学习到一些基本的知识和理念，并在课堂上对他们的语言进行了更多的练习。在学生们的相互交流中，可以把他们所学到的英语翻译技巧运用到他们的生活中，这样他们的翻译能力就会得到很大的提升。教师还可以按照学生的

---

① 丁龙松. 探究翻转课堂在高校英语翻译教学中的运用［J］. 才智，2023（5）.

不同程度来实施相应的教育，根据学生的个人差异来实施因材施教，为不同程度的学生制定不同的教育计划，并在课堂上有针对性地为学生解答他们在学习过程中所面临的种种问题。

三、翻转课堂理论与英语翻译教学结合的方法

教师在教学时可以采用“翻转课堂”的教学方法。因此，在翻译教学学生过程中，教师应该预设任务，并进行适当的设计。在英语教学中，与听、读相比，翻译所占的比例要小得多，而且教学内容也缺少必要的基础翻译知识。要想让学生真正地提升他们的语言的综合运用能力，并对中、英两种语言的不同之处有很好的把握，就需要教师在一定程度上能够合理地运用翻转课堂的方式，加强对翻译的理解和培训。

教师可以根据章节的不同制作一段教学小视频，让学生在课堂上进行自主学习。在课堂中，教学内容应当是以课本为中心进行的翻译练习，教师、学生之间应当进行沟通与互动，以此来强化对学生进行双语的培训，并对学生的语言意识进行培养，使他们的翻译水平得到切实提升。与此同时，还可以进一步提升他们在阅读、写作等方面的能力。

（一）制作个性化的翻译教学视频

为保证教学效果，教师在教学中所录制的录像内容要简短、简洁、不能超过 15 分钟，避免过多的录像内容影响到学生的学习效果。课程的内容不应太多，应采用模块化的方法，以提高学生的翻译水平。每一个视频都应以奈达的“函数对等”理论为指导，运用“增词减词”技巧，“直译”和“意译”等多种手段来进行具体的论述。要突出重点和难点，同时在英语阅读和写作方面，也要注意翻译的系统性和一致性。

所以，在选择翻译素材的时候，要将其与英语文本的内容和有关知识相联系，这样才能让学生更好地掌握和巩固文本的知识。同时，还要保证声音的清晰度、播放的流畅性。在英语教学中引入“翻转课堂”，表面上看是在削弱教师的角色，实际上是在加强其主导性。在课堂上，教师进行教学录像的制作，明确课堂中的重点和难点，确立教学目标，并安排好教学任务。在把这些视频上传到网络上之后，教师需要鼓励学生去看，并且

回答他们的疑问。

在教学过程中，教师需要对视频中的翻译理论和技巧做一个简单的回顾和整理，组织学生以小组讨论的方式进行合作学习，最终实现知识的内化，并对学生的译文进行点评，把好的译文展现在学生面前。在师生评课中，教师评课有助于提高学生对译文的认识程度，增强他们的翻译技能。在课堂结束后，教师要让学生写一篇关于翻译的思考日志，以发现他们所遇到的问题，从而不断地修正自己的教学计划，不断地改进自己的教学。

与“填鸭式”的教学模式相比，它更强调学生主体性。在教学过程中，教师应注意提高学生对问题的独立探索和解决能力。在录像的制作过程中，要尽量选择一些和学生生活有关系的素材，这样才能激发他们的学习兴趣和学习动力。为了培养学生在实际操作中的能力，教师可以设计相应的翻译练习。在教学过程中，教师让学生用小组合作的方式来完成他们的学习任务，并将他们的结果展现出来，这样才能体现出学生的主体地位。

（二）优化教学手段，提升学生的英语翻译学习兴趣

当前，大学生对英语翻译教学的热情不高，究其原因，主要在于当前的教学方法过于单调，教学气氛沉闷，缺少趣味。因此，要改变这种状况，就需要在教学过程中进行改革，在实践中运用“翻转课堂”，破除“传统”教学模式的弊端。在运用翻转课堂的时候，教师可以把单词的学习放在课下，引导学生通过云平台进行单词的背诵和学习，并为学生设定学习目标。当学生在词汇学习中遇到较为难以理解的生词时，教师可以在云平台中添加一些词汇的讲解和学习技巧。

在英语教学中，教师可以改变以往只是简单地讲授知识的方式，通过与学生的沟通，了解学生的实际情况，并对学生的困难进行解答，从而培养学生的英语思考能力，并通过教授翻译技巧来激发学生的积极性。在云环境中，通过“微课堂”来提高学生的能力。微课是翻转课堂中一种重要的教学手段，教师们可以为学生们制作微课，让他们在英语翻译方面有更多的收获。

然而，在制作微课视频的时候，许多教师都会为了节省时间和精力，在网上寻找相关的教学资源，将其编辑到视频中，让学生观看，即使教学

资源的内容都很全面，质量也很高，但却不符合学生的学习实际情况。英语教师要根据学生的学习状况，为学生设计一门微课。因为大多数学生的英语水平都不高，因此教师们可以在每一门课程结束后，给学生们制作一门课程的总结，让同学们可以分步骤地去学，更加有条理。同时，在英语翻译课程中引入翻转课堂，教师在微课视频的制作上下功夫，让它能够更好地适应学生们的学习要求。所以，在教学过程中，教师应该充分考虑到学生的个人差异，根据不同的知识点来设计微课程，使微课程中的知识内容得到提高。

在微课的拍摄过程中，要注意每一段视频的长度，不能过长否则会引起学生的注意力分散。在微课录制的过程中，尽可能地采用不同的模块来进行，这样既方便了学生的查询，也方便了分阶段进行学习。对于重点和难点，教师可以单独制作一段讲解视频，让学生更好掌握更多的知识。

（三）课内课外相结合，推进学生开展英语翻译训练

翻转课堂是一种全新的课堂，它突破了传统的应试教育模式，在培养学生动手操作的基础上，使他们有更多的机会进行英语翻译的实操。在英语课程开始之前，学生们可以用微课的方式进行预习，也可以用电子产品和英语课本来巩固自己的知识点。教师还可以指导学生使用微信和 QQ 之类的通信工具进行学习，通过这种方式，不仅可以提高学生的相互交流频率，还可以训练学生在英语翻译方面的实践能力，使学生敢于在日常生活中运用自己的翻译技巧。

尽管在翻转课堂中这种学习方式更倾向于课外，但在课堂中的教授仍然是非常重要的。运用翻转课堂模式，在课堂上要组织学生进行合作探究，按照学生的不同水平，将他们分成几个小组，方便以小组为单位进行翻译练习。教师可以让学生以小组为单位，对微课视频展开讨论，引导学生总结出微课中的重点和难点，然后教师再根据学生的讨论结果，对其进行总结和整理，从而加深学生对微课内容的理解。

同时，教师还应组织学生在小组内进行英语翻译训练，不仅要根据教科书上的内容去做，还要把训练范围扩大到教科书以外，增加难度，从而培养学生的翻译技巧。此外，教师还应随时注意学生的实践情况，加强对学生英语翻译技巧的指导。

(四)提高学生自学意识和学习效率

在大学英语翻译课中运用“翻转课堂”的方法，可以有效促进学生的自主性。为了提高英语翻译的教学效果，预习是必不可少的。学生可以用观看教学视频的方式，将自己不懂的知识内容进行记录，这样在课堂上就可以有针对性地进行学习。在云平台上，学生可以自己完成课前的测试，这样可以让教师更好地了解自己的学习进度。

首先，教师要使学生的主动性得到最大程度的发挥。在预习环节，教师为学生提供所需的学习资料，为学生设计出一套生动、有趣的教学计划，不停地鼓励学生，给学生积极的评价，激发学生对英语翻译的兴趣。

其次，教师要培养学生的自信心，激发他们的自主思维，使他们在英语翻译中能够更好地发挥他们的主动性。同时，教师要鼓励学生多做练习，让学生的学习个性得到充分的发挥。

最后，在教学过程中，教师还应营造一种轻松愉快的气氛，在教学过程中，教师应积极改进教学方式，鼓励学生多与人交流，使学生在一种轻松愉快的气氛中熟练地掌握英语的翻译技巧，并在学习英语的过程中获得成功感。

在课前预习的过程中，学生可以事先查找到所学的相关资料，教师可以事先制作出可以引导学生预习的微课视频，教师要把重点的翻译内容在微课视频中表现出来，并且要与学生的专业特点相结合。在制作微课堂的过程中，教师们还应参照英语测试中的翻译技巧，并将不同领域和不同层面的文化知识融入微课堂中。接着，教师也要根据学生的学习进度，给他们安排一些学习任务。

比如，在对某一模块的知识内容进行讲解的时候，教师可以设定一个教学目标，那就是要让学生掌握一些高频句子，甚至是词汇，并要学会对这些句子的翻译技巧。与此同时，教师也要站在学生的立场上，考虑到学生可能会遇到的问题，并有针对性地给予解决方案。在上课之前，教师可以利用微信群或 QQ 群等平台，提前将自己已经制作好的微课视频发送给学生，并设置一些学习任务，让学生能够结合微课视频来完成。在微课中，在教师的指导下，学生可以在微课中养成自主学习的习惯，从而促进英语翻译教学目标的达成。

（五）创新教学观念，有效运用翻转课堂教学模式

在将“翻转课堂”应用于英语翻译的过程中，教师们应该改变传统的教学方法，把教学的重心从理论上转移到实践上，把“理论”和“知识”有机地结合起来，通过创造性的教学方法，提高学生的英语翻译技巧和实践能力。

在许多大学教师的主观观念中，翻转课堂只是把教学移到了课下，其余和传统教学没什么差别，有些教师在课上还无法脱离传统的教学模式。这样的主观认识是错误的，大学教师不但要改革自己的教育观念，而且要使自己的教育方式跟上时代的步伐，把翻转课堂运用于英语翻译课，并根据学生的实际情况，做一些有针对性的训练。

比如，在培养学生的翻译技巧方面，可以通过创造一个教学环境，让他们身临其境地去实践，提高他们的翻译技巧，帮助他们理解英语文章的含义。在涉及微课教学视频的时候，教师也要将各种教学方法相结合，并且还需要引入一些有趣的因素，从而让学生对自己所学的东西有更深刻的认识。

第二节　基于微课理念的英语翻译教学探索

一、微课概述

（一）微课及其特点

微课，讲究一个“微”字。“微”指的是每一节课的时长，从五到八分钟不等。“微”是指知识点的浓缩和提炼，每一节微课都只涉及一两个知识点，也就是所谓的“碎片化”。但是“微课”最终应该是一个有体系的整体。“微课”是在信息时代兴起的一种新型的课堂教学方式，是利用现代信息技术，提高课堂教学效能的一种有效手段。“微课”是一种很好

的课堂教学方法，它以其简洁的特征，给学生的学习带来了很大帮助，大大增强了课堂的生机。① 每个微课都有自己的体系，这样才能体现出知识的综合性。

（二）微课的种类

微课的制作需要掌握其核心，以“微课”的形式将知识进行梳理，最终形成了一个全新的“小环境”。微课的形式多种多样，既有传统常见的讲授类，也有一些其他的形式。

讲授类一般是指教师通过口头语言的形式，将所学的各种知识，通过对情境进行细致描述，对事实的客观叙述，对原理的逻辑地论证等方法来讲述。微课堂也是当前最普遍也是最主要的一种传统教学模式。

启发类，指的是教师通过“微课”的形式，以学习的客观规律为依据，对学生进行启发性的引导，并以此为中心，激发学生的主动权，让他们主动、自发地进行思考和学习。

示范类，是指教师以“微课”的方式，将一些不适合实际操作的课程，以“微课”的方式开展教学，以一种可以直接看到的方式，对学生进行示范，使学生可以在这种新的教学方式下，进行更多观察，得到更多感官上的认识，进而解释和验证教学中所要传递的知识。

实验类，也就是让学生“动”起来，以“微课”的形式，让学生在教师的引导下，使用所需的仪器，改变实验对象的一些参数，让学生在实际操作之后，观察到实验情况的变化，然后根据这种情况，进行思考，得出新的结论。

（三）微课的制作方法

微课的种类很多，但其制作方式很简单，也很直观。下面将简要介绍三种简易微型课程的制作方式。

1. PPT+录屏软件

（1）围绕着讲课的题目，用 PPT 来做一个短小的课件，可以是一个讲课的内容，也可以是一个讲课的要点，要想让微课变得“微”，幻灯片最

---

① 陈君．“微课”的价值与应用［J］．中学语文，2022（33）．

好是七、八页。在制作课件时，要尽可能地保持美感。

（2）还有就是视频录制，现在市场上有各种各样的视频录制应用，比如 Camtasia studio 视频录制应用就是一款将视频录制和编辑功能融为一体的软件。准备好教学资料后，教师可以开启 Camtasia studio 软件的录屏功能，将制作好的 PPT 课件在屏幕上播放，根据 PPT 的内容，边播放边讲解，这样便将 PPT 的播放与教学讲解的声音融合在一起，形成了一个教学视频。

（3）之后可以利用视频剪辑的功能，对上述录制完毕的母视频进行二次加工，通过后期剪辑，最终形成一段完整的视频。

2. 手机+白纸

在这种条件下，哪怕是最基础的材料和工具，都可以制作出精美的教学视频。像是手机、白纸、手机夹、彩笔、胶布等，这些都是可以用的材料。彩笔能够将授课内容的重点区分开来，还能在日常 PPT 教学中的突出重点；手机夹，淘宝上可买到，用来把手机固定在某一位置；在白纸上可以画出知识点，或者是用来展示自己的推理。贴片用于将纸张定位。再加上教师绘声绘色的讲解，一堂逻辑思维课就能呈现在学生们的眼前。教师也能发挥他们的想象力，把那些很难搬到课堂上去的实验课，用小巧的手机摄影机送到他们的眼前，给他们做示范。

3. DV+白板

第三种就不用多说了，可以通过 DV、白板、彩笔等各种手段，让教师在屏幕上授课，这也是一种很常见的录制方式，但是，要注重微课中的一个“微”字，要尽可能地简洁，同时，也要保证教师不会遮盖黑板。

4. 视频+录屏

这种方法就是通过录屏软件，把自己看到的有价值的视频录制成微课，并应用到教学中。因为视频的覆盖范围很大，因此用这种方式制作的微课可以解决很多以上方式无法解决的问题。

二、微课理念在大学英语翻译教学中的应用

（一）在翻译理论教学中应用微课理念

多年以来，我国的大学英语教育多为应试教育。对教师教学的要求层

次比较低，课程安排比较少。那么教师只能利用有限的时间尽量传播基础知识，而没有办法进行深层次的英语翻译教学。所以大学生常常只是学得了大量英语词汇，并且知道了一些语法，但是当实际应用英语的时候，却会屡屡遇到障碍。例如课上或者课下需要用英语进行翻译时无法做到顺畅表达，甚至翻译内容表达的目的会偏离文章的原意。要知道翻译的实质是一定要遵从文章的本意，顺利地将英语转换成汉语，当然也要会把汉语转换成英语。据这种情况来看，教师是无法改变教育体制和学校安排的，那么如果想教授学生翻译知识，还是需要利用课上时间进行翻译教学。比如，可以占用课堂上 10 分钟的时间，集中进行翻译理论讲解，以求达到提升学生翻译能力的目的。那么当学生学到这些知识要点后，相信他们会翻译得更加流畅合理。

首先，教师在课堂教学开始之前，需要对自身掌握的翻译理论进行总结分析，将有应用价值的翻译理论整理出来，对每一个翻译理论进行讲解，并罗列出具体的案例。其次，在课堂教学中，教师可以先为学生播放微课课件，通常情况下，微课课件的时间是在 5~15 分钟之内，在短时间的播放中，将语言讲解与图片、音乐等结合起来，为学生创设一个良好的学习环境。最后，在微课课件播放完成之后，教师可以进行二次总结，与学生就课件内容进行讨论，在活跃课堂氛围的同时加深学生的记忆，促使学生能够掌握翻译理论知识。

（二）在翻译实践教学中应用微课理念

当教师为学生讲解完理论的翻译知识之后，教师就应带领学生实践，让学生在翻译过程中熟练掌握翻译理论技巧，锻炼对翻译技巧的应用，提高翻译水平。举例来说，教师在课堂上可以让学生翻译一些一年中的热点新闻。教师需要在课前从网络上收集最新的热点文章，然后截取片段，制作成微课课件，之后教师先为学生播放课件，让学生在观看完课件之后进行文章翻译。

（三）在跨文化意识培养中应用微课理念

学生在进行翻译时会受到本土文化的影响，按照既有的文化意识翻译。所以为了翻译得更加准确合理，需要学生加深对西方文化的了解。当学生翻译西方故事时，首先需要充分了解西方文化，然后要调查故事背景，最后要努力将故事的原意表达出来。教师应该根据学生翻译的需要，在教学过程中利用十分钟的微课，向学生传递西方文化知识，让学生充分了解西方社会背景和风俗民情，帮助学生提升翻译的准确度。

因此大学教师在开展英语教学过程中，要注重翻译教学。积极采用多种教学模式，将理论与实践相结合，不断提升教学技能。将总结出的教学经验融入微课教学，拓宽翻译知识讲解范围，以提升教学效率。这有利于为学生的翻译知识打下牢固的基础并可以帮助学生在未来从事英语方面的工作时能做到游刃有余。

社会的不断发展，企业规模的不断扩大，使得他们专业翻译人才的需求越来越高，并且需要他们拥有较高的素质。为了迎合社会和企业的需求，学校应提高对大学英语翻译教学的重视程度。对存在的问题，抓紧研究，全面分析总结，不断调整学校的课程安排和学生的学习内容。增加学生关于其他国家文化知识的学习课时，充实教学内容，鼓励教师使用多种教学方法，大力支持大学英语翻译教学，促使其有实质性的进步。

三、英语翻译教学应用微课理念存在的问题

随着信息化的发展，以课堂教学视频为核心载体的微课应运而生，面对传统英语翻译课程教学形式单一、目标模糊的问题，开展微课教学成为当前教育界新趋势。微课因其时间短、针对性强、学习不受时间地点限制等优势，在一定程度上激发了学生的学习积极性和热情，使学生摆脱了片面肤浅的逐字逐句翻译方法，转而变成了一种综合系统的英语翻译方法。但不可否认的是，英语翻译微课仍然存在视频制作水平不高、知识密度大而学生不易接受、教师对微课缺乏了解等问题。

（一）微课制作水平不高

目前仍旧有一些教师，坚持使用传统教学方法，从思想上并没有重视微课，没有充分利用微课进行教学。没有体现出微课的价值，微课上讲解的内容，还是以教师为主导，讲解教材内容，仅仅传播教材基础知识。这几分钟的视频与传统教学无异，形式单一。只是采用了微课的形式，但没

有发挥出应有的效果。有些教师甚至只是把课堂教学内容录成视频，然后在微课上播放，这样根本就没有办法调动学生的积极性，与微课最开始设立的目的背道而驰。但也有部分教师增加了新内容，可是使用的素材非常传统，讲课的形式单一无趣，没有迎合现实社会的需求，不能被正常使用。还有一种情况是微课不微，时间超长、内容过大。以前有一些大学教师做过一些精品课程和公开课视频，时间都比较长，而且存在很多没有意义的内容。目前要求使用的小视频有很多的教师不会使用。他们选择的主题比较大，承载的内容过于复杂，占用的时间较长，包含的信息太多，发挥不出微课的优势。背离了微课让学生们利用小时间进行学习的初衷。时间太长的话，学生们就会比较抵触，容易产生疲劳。还存在的一种情况是，一些英语翻译教师的微课只关注外在形式，没有有趣的内容和深刻的中心思想，是一些无意义的视频。视频在微课上使用的频率比较高，需要使用电视机或播放器等设备。这样学生可以一边看到画面，一边听教师讲解。教师要控制上课的节奏，合理安排时间，进行有意义的微课教学。为了让学生获得知识，好的微课不仅要让学生看到内容还要调动学生发散思维和积极探索的主动性。由于教师的水平不同，制作微课视频的能力不一，大多微课视频的效果不好。存在画面看不清、不能和教师的讲解同步、内容单一乏味、节奏还慢、视频时间太长等问题，没有办法达到既定目的。有一些教师拍摄的视频内容老套，画面安排不够紧凑干净，没有办法辅助教师的讲课内容，无法调动学生的积极主动性，没有发挥出微视频的作用，达不到传播效果。所以微课的时间一定要短，而且内容要有意义，那么这些小视频里边包含的知识会很多。充分利用短短的微课时间，让学生学到更多的知识点，大多数教师可以在 10 分钟之内讲出重点知识，但是由于时间短，所讲的知识太多，学生们就比较难以接受，所取得的效果并不理想。当学生在微课中学习翻译技巧和知识要点时，如果没完全听懂就不能充分吸收知识点，这样就会导致学习成果欠佳。

（二）英语翻译教师普遍缺乏对微课的了解和运用

随着近些年授课方式的不断改革，微课受到了更多重视和欢迎。但是还存在很多教师对微课这种授课方式不了解也不会灵活使用的现象。他们对微课所要展示的内容和所要达到的目的，无法达成统一的认识，没有做到深层次的了解。经过调查显示，有些教师认为微课和微课程是一样的，只是缩短了时间而已。但也有教师认可微课，认为它是一种有意义的新教学资源，在教学过程中会播放视频。但是不会给视频内容设定要达到的目标。这些参差不齐的意见降低了微课的使用效果。特别是英语翻译教师，不能准确深层次地了解微课，达不到微课使用的目的。更有甚者，制作微课只是为了迎合比赛的需求，并没有在实际的课程教授中真正地使用，降低了微课的实际应用水平，严重限制了微课的发展。

四、英语翻译教学微课中相关问题的对策

（一）以学生为中心设置微课教学

微课教学的核心不应是教师，而应是每个学生。在微课的运用方式上，既要让学生成为主体，又要让学生成为被引导者，由原来的“教师说，学生听”，转变为“双主”的学习方式。① 要使他们的学习热情得到最大程度的激发。

比如，大部分的学生都觉得英语翻译课很枯燥，而且教师的教学方法也很老套，教师只会把知识传授给他们，而不会激发他们的兴趣，使他们只能在被动中学习。微课教学具有灵活性强的优点，在现代大学生对数字信息比较敏感的情况下，微课的核心视频内容满足了大学生的需求，学生可以自行将翻译教程下载到自己的手机中，在任何时候、任何地方都可以自由地观看、学习；英语的翻译需要对不同的翻译情景、英语文化进行一定程度的了解，因此，在微课中学生可以接受英语文化情景的熏陶，这将有助于提升他们的翻译技能，使他们真正喜欢上英语，将被动的学习转化为积极的学习。这一切，都离不开微课视频的质量。此外，还要加强英语教师在翻译课上的录像制作的训练，要多利用 Prezi、Camtasia studio、录播教室等录制屏幕软件，并通过学习有关的技术来创造出更受学生欢迎的作品。此外，还可以组建微课制作团队，这样可以频繁地相互交流，起到“1+1>2”的效果。

---

① 汤海丽. 高校英语信息化教学改革与微课教学模式探究［M］. 北京：冶金工业出版社，2018：120.

（二）把握视频制作细节要领

为了优化整个微课视频的质量，可以针对视频制作方面的几个细节加以改进。首先，由于翻译的准确性对初学者很重要，因此视频制作过程中必须做到标准发音，背景音乐方面也最好符合课程内容，不要忽视掉语气、语速、语调以及语音的作用，为了使学生更好地跟上授课节奏，双语字幕就在视频中起很大作用，如此，微课构成会更加合理；此外，为了规范课程，改善授课视频，英语翻译微课制作者也要有所改进，即规范英文标题中单词首字母的大小写。有些是不需要大写，如连词、冠词以及介词等虚词的首字母；而有些是要大写，如名词以及形容词等实词首字母。微课是一种有推广宣传价值的教学模式，它的优点在于较低的技术门槛、高效率的传播交流、简单快捷的制作以及广泛的应用途径。微课的学习方式兼备线下、线上两种，服务对象也是师生共存，它作为一种优质的数字化学习资源成为未来教育的新趋势是毫无悬念的。从目前的情况来看，在微课与高校日常英语课堂要求相符合的同时，更应当长期关注信息技术在英语学科上的融合与教学深层改革的推进，通过吸引学生注意力的方式来使学生积极主动学习，使其学习质量、效率得以提高。

第三节　慕课背景下的英语翻译教学实践

一、“慕课”概述

（一）“慕课”的兴起与概念

互联网与信息科技已经在很长一段时间对教育产生了重要影响。“慕课”的兴起使得国际开始构建网络课程。比如麻省理工学院、哈佛、斯坦福，他们已经建立了自己的公共课程。这种公开课主要是将一些线下教学的录像上传到网上，并通过电子教材和电子作业来补充。所有的高质量的教育资源都是免费为全球的学生提供。斯坦福的一位教师在 2011 年使用音像器材，编写了 3 个有关电脑科学和科技的教程，并在网上公开发行，收到很好的成效。“慕课”也正式拉开帷幕。2012 年，3 个“慕课”项目的开发者，包括 Udacity、Coursera 以及 edX，在美国相继建立了该项目。他们与麻省理工学院、哈佛、斯坦福等高校合作，为学生提供了一批卓越的教学方案，得到了广大学生的一致认可。所以，2012 被称为“幕课”的第一年。Coursera 公司声称，通过为所有人提供网上教学，使世界上最好的教育得以实现。[①] 同时，ed 也宣布将改善学校教育和网络教育的品质。

“慕课”（MOOC）是由加拿大 Bassasbaska 大学的乔治·西门子（George Siemens）与斯蒂芬·唐斯（Stephane Down）于 2008 年首先被提出来的。“慕课”是指“大型网络公开课程”，是从“MOOC”的英文简称中音译过来的。第 1 个“M”的意思是“人数众多”，代表着一门课可以同时进行，人数最多的时候甚至可以达到数千人。第 2 个“O”为开放性，表明该课程为公众所接受，不受年龄、地理位置、国籍等方面的限制。第 3 个“O”代表着网络，它代表着网络，通过网络进行一系列的教育，比如上课、做作业、做考试、进行互动等等。第 4 个“C”表示“课程”。从这一点可以看出，“慕课”有三个特点：一是对公众开放的教学内容，二是对学生的免费学习，三是教学与交流都是在网上进行的。此外，自从“慕课”出现之后，“慕课”平台上的所有课程都是由全球各大高校开设的高质量、高质量的精品课程。

（二）慕课教学模式的优点

慕课的兴起，符合了当今科技快速发展的潮流，加速了传统教育模式的变革，是一种顺应时代发展的必然选择，慕课教学相对于传统的课堂教学而言有许多优点。

1. 以学生为主体

在传统的教学模式下，教师注重的是“教”。教师作为学习的主体，其“填鸭式”教学方式也受到了一些批判，认为这是因为没有充分发挥学生学习的主动性而导致了他们学习的失败。慕课是一种以“学”为中心的

① 史旭光.“慕课”的兴起与高校教学的发展［J］. 中国林业教育，2022（2）.

教学模式，其重点是“怎样学”。这种教育观念的转变将对大学教育的发展起到积极的推动作用。慕课由教师“教”逐步过渡到学生“学”，学生自评、学生互评、小组内评、师生互评，教师做“导演”，学生做“演员”，激发学生学习热情。

2. 教学形式更为灵活多样

慕课教学模式具有如下优点：

（1）增加视觉效果的呈现。慕课形式更加灵活，更易于以文字、图片、视频、音频等形式表达，适应了信息化的高速发展，以视频、音频为主要形式的大学教育已由“图文时代”逐步过渡到“视频时代”，而慕课就是其中的一种。用视频展示和情景仿真的方式，来打破时间和空间的局限，加强对视觉和听觉的感官体验，可以让学生产生身临其境的感受，从而更好地提升他们的参与程度，激发他们的学习积极性。

（2）能独立完成搜寻式的学习。慕课就是将课程的中心内容压缩为一段小视频，在大约 10 分钟的时候，可以让学生更专注，也不会被分散注意力，教材的内容都是基于大型数据库，不但能对学生的学习状态进行记录，还能利用搜索引擎将有关的学习资源进行推荐，学生可以自己去查找，从而扩大并充实了学生资料。

（3）考试方法多种多样。除了一般的测验之外，还有系统测验、教师测验、学生自我测验、网上测验、作业等多种形式，这种形式的测验既有即时性，又有许多测验可以被学生反复试验，可以防止一次测验“以偏概全”。[①] 多元化的课堂教学模式，促进课堂教学质量的提升。

3. 更好地分享优质教学资源

传统的教育模式都是在一定的时空中进行的，既有一定封闭性，又有一定的“门槛”，这个“门槛”很大程度上是不可逾越的。例如，清华教师讲课时，通常只有他们自己的学生可以去听，其他学生连听一堂课的机会都没有。慕课就不同了，任何人想要上慕课，都不需要到特定的班级，而是在报名之后，就可以在网上学习到高级教师的课程，还可以享受到来自各大知名学校的优质教学资源。从某种意义上来说，这是一种共享优质

---

① 高秋凤，廖嘉俊，王志杰，王晓钧. 大学生对慕课教学与传统教学的体验感知差异——以优课联盟“积极心理学”课程为例［J］. 开放教育研究，2017（4）.

教育资源的方式。这对于解决中国经济和社会发展还很不平衡的情况是非常有意义的。由于教育资源的不平衡，导致了人们对阶级固化的议论和担心，而慕课则将国内乃至全球的优秀教师进行了整合，让偏远地区的人群也能接触到这些高质量的课程，还能听到大师们的授课，获得最新的思想和知识，有机会共享到优质的教学资源。

二、英语翻译教学应用慕课平台的优点

（一）慕课平台可以培养学生的自主学习意识

现代教育理论认为，学生是学习的主体，他们是主观和主动的人，而不是被动的容器。① 为了将知识转化为自己的能力，学生必须主动学习。教师赋予学生学习自主权，让他们学会独立思考，学会寻找和提出问题，学会练习和探索，学会评价自己和他人，从而使学生在积极获取知识的过程中能够实现全面发展。慕课的教学模式放弃了以前的教学模式，以前的教学模式只关注课本材料，而忽略了学生的主观能动性和独立的学习能力。而慕课教学使用多种媒体来激发学生积极参与英语翻译课程，并培养学生的自学能力、解决问题的能力和创新能力，可以让学生更好地完成未来工作中的各项任务。

（二）慕课平台可以重新定位教师职能

依靠慕课平台，教师应在课堂上主动定位自己的角色。② 教师不再是教室的主角，而是支持者、计划者和完成教学任务的监督者。课前教师可以为学生提供跨平台、在线或多屏应用程序的高质量商务英语翻译资源，例如 BBC/VOA 新闻和翻译站点、大型国际贸易交流场所、中国日报英语和可可英语网站。通过慕课的连接，学生可以独立安排学习的内容和时间，从而突破了传统课堂教学的时间和空间限制。

① 孙庆梅. 慕课与商务英语翻译教学［J］. 金融理论与教学，2017（4）.

② 谭璇. 慕课背景下商务英语翻译教学模式分析［J］. 新教育时代电子杂志（教师版），2020（31）.

（三）慕课平台可以建立评估机制

慕课以其大范围的网络教学特性，为不同地域、行业和年龄层次的学生提供了一种可以在网络上进行实时交互的方式。特别是对于那些没有机会出国留学的学生，他们可以利用网上及时的咨询与解答，获得更多的国内外学术信息；在课堂上，教师要充分利用课堂上所学知识，充分调动学生的好奇心；在学生对客观作业题的互相批改或者在自动批改中，提供对错反馈，这样他们就可以在任何时候，对自己的各项能力进行测试或检测。在论坛上提问或者回答其他人的提问，在和其他人的对比中，可以看到自己的优点和缺点；授予“慕课”证书，获取“慕课”从业资格，能提高教师在“慕课”方面的自信，提高其在“慕课”方面的能力，这将会全方位地提高教师的综合素质。

慕课平台具有多种评价机制，如学生自我评价、网络数据分析与评价等。在期中考与期终考时，各科目均会提供小测验。学生可以在自己的学习生活中，真正地获得属于自己的知识，得到优质学习资源。

三、英语翻译教学中应用慕课平台的挑战

慕课以高技术为双翼，以互联网为载体，打破地理、教师等限制，为现代化的教学提供高质量的教学资源。因此，通过慕课实施持续学习，既能扩大社会资源的规模，又能实现各类人才的规模化培养。但是，我们也不能否认，慕课还是一个新兴的东西，虽然它在人们的实践和展望中展现出了很好的发展前景，但是要使它与大学的课堂教学并驾齐驱，还需要一定的时间，尤其是在下面这些问题上：

（一）学生无法准确利用慕课内容

慕课既有丰富的内容，也有碎片式的内容，如果没有一定的理论积累和实践经历，学生很难对慕课内容进行准确判断和掌握，有时候，学生会在抉择的时候，白白地浪费了宝贵的时间，也就是说，学生可能认为每一门都很有用，但是到了实践中却无从适应。

（二）慕课的大规模性与学生的个性化之间的矛盾

慕课中的知识内容难以满足每个学生的具体要求，大规模性是它的特征和优点，但也是它的缺陷，不同年龄段、不同知识结构的学生有时难以进行交流，慕课的难度难以满足所有学生的需要，半道加入的学生有时跟不上总体发展速度，诸如此类问题都是值得深思的。

（三）网络平台的广泛性与慕课制作的专业性之间的矛盾

慕课的开办费用增加要求各大学组成紧密合作的队伍，既需要一定的专业技术，又要有一定的财力支撑，从而达到“面向全球”的理念。就当前国内的总体状况来看，慕课并非学校的必修课，也未被纳入考核与评价之中，更多的是教师们在闲暇时为提高自己的能力而进行的一种自觉性活动。

因此，慕课只是一种以课程为主导的教学方式，并不能完全取代高校教育。慕课产生于信息科技的发展，但科技并不是教育的一部分。所以，不管是与翻译有关的慕课，还是与外语有关的慕课，都不可能适用于每一个人，就算是大学教师也应该结合自己和学校的情况，做出最合适自己的最好的决定，在持续提升自己的素质的同时，全面提升翻译人才的培养质量。

四、慕课平台与英语翻译教学的有效融合路径

（一）合理利用慕课平台，构建大学英语智慧课堂

慕课是一种以网络技术为基础开发的新型网络教学方式，它是一种网络远程教育的开放平台。把慕课和大学英语翻译教学结合起来，可以使大学教师更好地了解学生的英语学习状况，从而更好地为学生的个体发展制定相应的教学计划。① 合理运用“慕课”平台，以科学化的方式构建“英语智能课堂”，可使英语翻译课的教学水平得到进一步提高。

---

① 李卓，胡玉秀．“翻转课堂”结合 MOOCs（慕课）用于高校英语公共演讲课程教学探究［J］．海外英语，2020（19）．

1. 课前准备阶段

大学英语教师要充分发挥慕课的优势，将每一节课的教学任务、教学目标、预习任务等信息发送到慕课平台，并在此基础上为英语口译和笔译提供对应的问题。然后，学生要按照教师提供的教材，在上课之前，先进行一次预习，然后再做一道英语翻译的题目，然后再把自己的预习结果发到慕课平台上。在完成了预习任务之后，学生可以在留言区发表自己的看法，发表自己对英语翻译课的看法，或者是遇到了什么困难。最后，教师会对这一节课的预习情况、课堂教学效果、遇到的问题进行讨论和解答，并会与学生进行一些有目的的沟通，以解决学生在英语翻译中遇到的一些困难，使学生能够更好地掌握英语翻译的技能，从而提高学生的英语翻译水平。

在合理运用慕课平台，科学地搭建大学英语智能课堂的基础上，教师们可以通过“课前预测”“教材发布”“课前预习”“交流讨论”“一对一解答”这 5 个阶段，全面地了解并掌握班上学生在新知识的领悟、学习、英语翻译过程中所出现的问题，从而使教师能够持续地完善并优化英语教学活动，从而克服传统“靠经验来预习”的缺陷。同时，将慕课和大学英语翻译课有机结合，有助于提高学生对英语课程的理解程度，使学生能够主动地进行新知识的预习，并对自己的问题进行全面认识，从而为英语翻译课的顺利进行打下良好的基础。

2. 课堂知识内化阶段

在英语教学中，对新知识的理解是一个非常关键的环节，教师在教学中的作用是不可忽视的。英语教师要充分利用好慕课资源，采用多种科学、行之有效的方法，通过丰富多彩、有趣的课堂活动来设计好英语翻译的教学，从而达到最大限度地提高译文质量的目的。英语智能课堂的建设可以从三个方面展开。

（1）进行差异化教学

为大学生创设和优化自主学习的环境，实施个性化和差别化的教育，激发他们的自主性，使他们真正感受到自主性英语的乐趣。比如，在英语翻译的主题教学中，教师首先对英语电影介绍，然后给学生一些问题，让他们自己去思考、去讨论。然后展示学生的预习翻译作品，并进行师生互评、生生互评，以此对学生不理解的重难点知识展开课堂讨论。并在此基础上，对每位学生自主完成作业，建立学生自主学习系统。在此基础上，英语教师要根据学生的学习情况的教学方法，因材施教，以提升学生的英语学习和英语翻译能力。

（2）学生合作探究

以学生在课前预习中出现的困难为依据，教师可以对学生进行更多的指导，帮助他们寻找自主解决问题的方法，并在这个过程中，发布新的学习任务及测试要求。因此，学生们需要用多种的方式来探索问题的正确答案，比如协作交流、分组合作、游戏互动等。在小组在完成任务之后，要将探究的过程和探究的结果上传到课程平台的翻译作品展示区，然后教师再一次启动学生互评、教师点评的环节，最后对成绩最优秀的学习小组或者学生个人给予一定的奖励，并将测试的成绩纳入学期的总分之中，以此来激励学生自主探究、协作学习的积极性。

（3）布置分层英语作业

教师总结并归纳课程平台的测试结果，并在此基础上给学生做详尽的解释，并针对学生的学习中存在的一些不足之处给予一定的帮助，使学生在英语翻译中所面临的困难得到有效的解决。在此基础上，教师们将通过对教学平台的测试，对学生们的翻译水平进行分析，从而掌握他们的翻译水平，制定出分层次的英语翻译任务，从而进一步提高学生的英语水平。

3. 课后强化阶段

在英语教学中，课外活动是对已学过的新知识进行巩固的关键，对提高教学质量具有十分重要的意义。首先，教师们将针对不同英语译文的程度，给学生们提供有针对性的、个性化的课外任务，并将对应的英语译文教材通过课程平台进行一对一的推荐。学生在完成了英语翻译的作业后，就可以将其上传到课堂上，由课堂进行自动评分，由教师进行人工评分。针对翻译作业中容易出错的问题，教师可以在网上解答，也可以将教学视频上传到慕课平台，并对英语教学进行全面的评估。学生可以在任何时候、任何地点，通过视频解说来帮助自己在英语翻译方面遇到的困难，从而提高自己的英语翻译能力。

（二）合理运用慕课资源，创设翻转课堂教学模式

英语教师在进行英语翻译实训时，要充分利用慕课平台提供的有关课

程资源，并在此基础上建立“翻转课堂”的教学模式。在现代教育理论的指导下，“翻转课堂”被认为是一种全新的教育与教学方式。“翻转课堂”的教育思想认为应该把学生放在第一位，把课堂的时间交给学生来安排，把教师的授课变成教学指导，在课堂上对学生的学习进行有针对性的辅助教学。

在翻转课堂中，教师应当正确地调节自己和学生的角色，将教学环节当作是课堂之外的学生自主学习环节，在课上注重与学生之间的互动，将主导授课转变为辅助教学，让学生从被动接受信息转变为课堂学习的主体。在“翻转”式的教学模式下，课堂的时间和速度由学生自己掌握。在课堂上，学生们可以通过自学来了解和归纳所学的知识。在上课之前，学生可以通过教师提供的教学课件、教学视频等资源，来实现自主学习。在上课过程中，他们可以与其他同学一起讨论，一起学习，当他们遇到一些不能理解的问题的时候，可以向教师询问。在这种模式下，学生可以更好地把握英语自主学习的基本原则，增强了他们的自觉性和自制性，从而提高他们的英语学习效果。另外，在大学英语翻译实训中，要根据实训目标，对大学生进行科学的英语翻译实训。在“翻转”课堂上，英语教师可以从“以就业为导向”的角度，按照有关的规范和对英语翻译专业技能的特殊要求，对大学生进行英语翻译课程的教学。

第六章　英语翻译人才培养与师资建设

近年来，在市场经济全球化的发展背景下和国家“一带一路”与“走出去”的推动下，国内翻译市场迅速发展，迫切需要一专多能的高素质、复合型翻译人才，从而满足各国之间的交流和社会的需要。英语翻译人才的培养离不开教师的倾力相助，建设高质量的师资团队也是其中重要一环。本章介绍了英语翻译人才的培养模式以及国际化翻译人才，并对提高教师能力提出相应建议。

第一节　英语翻译教学中的教师与学生

在当前的时代背景下，为了能够推动大学生更好发展，重视对大学生英语翻译能力的培养是非常必要的。通过培养大学生英语翻译能力，能够让大学生逐渐具备良好的英语驾驭能力，在沟通与交流等过程中能够更加游刃有余，培养与提升大学生灵活驾驭英语的能力与素养，提升大学生综合能力与素养。[①] 与此同时，目前国家以及社会对于高素质人才的需求非常高，学生英语翻译能力越高，对于其顺利就业与创业就更加有利。但学生翻译能力的提高离不开教师的培养，所以在教学中不仅要重视学生的学习效果，还要努力通过多种途径提高教师的教学效果。

---

① 陈岩柏. 大学英语教学中学生翻译能力的培养［J］. 科教导刊（电子版），2020（32）.

一、学生是英语翻译教学的中心

(一)“以学生为中心”教学的概念

“以学生为中心”的教学是由于翻译教师仅作为知识的传授者和指导者的角色已远不能满足教学的需求，因此教师应通过多种途径突出学生的中心地位，在课堂上形成新型师生关系。这种教学模式认为翻译是对两种语言的创造性运用，因此翻译活动应涵盖在交际框架下的语言活动、文化活动、心理活动等活动中。这种教学模式重视英语翻译教育的发展趋势，特别重视翻译教学环境和学生作为教学主体这两个因素。由于翻译教学环境趋向于提倡建立一种交际性的课堂教学形式，也就是要努力创建一种能培养学生独立开展创造性语言转换以及语言交际的环境，因此也就应该特别关注社会背景和文化迁移在翻译教学中的作用。① 此外，这种教学模式认为教师不应再被认为是翻译操练中的带头人、翻译材料的介绍人或译文好坏的评判者，而应在翻译教学的过程中明确学生才是积极的创造者，而不是消极的接受者；要重视学生的不同个性、学习风格、学习策略以及学习过程和学习内容方面的学生智力因素。总而言之，以学生为中心的翻译教学就是要充分重视学生在学习过程中的积极作用，充分调动学生学习的积极性和自信心，要尽量让学生自己控制学习内容和方法，鼓励学生参与到教学活动的各个环节中来，鼓励学生对自己的学习负责。

(二)“以学生为中心”教学的特点

1. 教师为主导，学生为主体

在传统的翻译教学中，教师往往占据着比较主导的位置，因此，教师在讲台上认真地讲解，而学生则在下面不断地做着记录，这种“填鸭式”的授课方式也是常见的现象。在新课程改革背景下，“以学生为本”的新课程改革需要教师在新课程改革中的角色转变。也就是说，教师的作用要从扮演主角变成指导，这样才能更好地帮助学生学习翻译知识；而把学生

① 姚娟，徐丽华，娄良珍. 高校英语阅读与翻译教学多维研究［M］. 天津：天津科学技术出版社，2021：297.

转变成主角，从而使他们掌握理论知识并运用到实际工作中去。

2. 教师和学生融洽合作

教师和学生融洽合作，需要以学生为主体。在“以学生为本”的翻译教学中，师生之间应该建立起一种主动的协作关系，即教师应该在翻译教学中发挥“协作者”的作用。

实施“以学生为中心”的教育方式，并不意味着教师就会丧失自己的权威，教师仍然是课堂活动的领导者，然后会通过各种方式来凸显学生的主体地位。传统的“以教师为核心”的教学方法，往往采用纠正错误的方法，把教师给出的译文当作翻译课程的最终目的，这与实际环境中的翻译本质特征不符，在某种程度上抑制了学生的翻译积极性和创造性。可以看出，因为对教师的主导地位过于依赖，所以忽略了学生的主体地位，这也就很难将学生的学习热情调动起来，学生没有选择回答问题的权利，教师也很难掌握学生的真实需要。

“以生为本”的翻译教学，其首要任务就是要使学生能够在“译”的过程中获得技巧。同时，由于翻译是一个理论性和实践性的统一，因此，英语翻译教学需要在理论性的指导下进行大量的实际操作，并与参照译本进行比较，以便更好地理解和运用所学到的方法，进而提升自己的翻译水平。这是由于在翻译时，需要结合已有的知识和经验，参照参考书和其他有关的资料。因此，学生能够从新的视角来对所学过的内容进行反思，并能够有足够的时间来对这些理论和翻译技巧或方法进行深入地了解，最后实现对相关知识的掌握和对积累。

3. 重视学生独立翻译能力的培养

“以生为本”的翻译教学模式，不只是简单地教授一些简单的句型和短语，而是要注重培养学生的独立翻译能力。该模式注重翻译的过程，希望能在教师的引导下，让学生了解原作，运用适当的方法进行翻译。另外，教师要对学生的功课采取正面的态度，以建立他们的自信。

二、英语翻译教学中学生与教师的风格

（一）教师教学风格对学生学习风格的影响

学习风格的形成会有很多因素的影响，其中既有来自生理、心理和知

识结构等内部因素的影响，也有来自学习环境、教学模式、教学策略以及教师的教学风格等外部环境因素的影响。而教师的教学风格是这些外部环境因素中最重要的一部分，它直接对学生学习风格的形成和发展产生影响。教师的教学方式对学生的学习方式有积极和消极的影响。积极影响表现在：一是在学生的学习风格的最初形成阶段，教师的教学风格对其有直接影响，甚至是决定作用。二是在学生学习风格形成与发展过程中，教师要对其原有的学习方式进行有效的指导。负面影响表现在：如果教师的教学方式和学生的学习方式不一致，则会对学生原有的学习方式产生负面的阻碍。

一般来说，具有严格教学作风的教师，所教出来的学生都是一丝不苟的。理智型、自然型和技巧型的教师，在教学过程中将学生的主体性放在了突出位置，重视让他们的主体性得到充分发挥，因此，具备这几种类型的教学风格的教师，会受到学生的欢迎。采用“情绪化”和“幽默化”的教学方式，有利于形成学生“舞台依赖性”的学习方式。具有不同教学方式的教师，会对符合其学习方式的学生进行不同的调整。

（二）促使教师教学风格和学生认知风格相协调的教学措施

学生的认知风格与教学风格之间的匹配，其外部条件是教学过程，内部原因是学生的认知风格。在翻译教学中，二者是一种和谐共生的关系，它不仅有利于培养学生的教学风格，也有利于培养学生的认知风格。

1. 引导学生认识自己的学习风格

教师应该指导学生形成一种新的、有针对性的、具有创造性的、可持续发展的、可操作的学习方式。教师们不仅要对学生的学习类型有充分的了解，还要指导他们去认识自己的学习类型，让他们能够将自己的学习类型转变为自己的学习策略，并持续地对他们进行启发，让他们去观察自己的学习类型和偏好。因此，在教学过程中，教师要时刻提醒学生，帮助他们在获取新的知识、技巧、认识、方法。

在培养具有鲜明个性的“认知策略”“学习策略”和“认知方式”的学生过程中，教师的教学方式和策略是必不可少的，但不是充分的。在教师的指导下，通过改变学生的认知方式，可以提高他们的学习效率，进而促进他们认知方式的逐步形成。因此，教师应该运用各种教学策略、教学手段，来对学生的注意力进行有效控制，并鼓励他们采用合适的学习策略，来形成自己的认知风格，进而提升自己的学习能力。

2. 教师针对不同的学习认知风格应采取相应的教学策略

在翻译教学过程中，教师应该具备控制自己教学风格的能力，这样才能形成自己的个性化教学风格，以适应不同的教学内容和学生的学习风格。教师应充分了解自己的学习风格以及它对自己所采用的教学方法的影响。在教学过程中，具有分析能力的教师也要注意使直观能力强的学生能够更好地了解教学内容。而具有较强直觉能力的教师，则会按照学生对概念与结构的要求，采用适当的教学方法与教材。

教师应当引导学生了解各种学习方式的重要性。通常学生都希望和具有类似学习风格的人合作，但是这样的合作模式只能加强自己认识风格的不足，无法达到优势互补的目的。在实际的翻译教学过程中，教师应该将各种不同风格的学生安排到一起进行学习，这样不仅可以丰富学生的学习经验，还可以让他们了解到自己的认知方式的优点与不足，从而使他们形成更好的认证方式和学习策略。

3. 培养学生对自身学习风格的调整与反思的能力

在教学过程中，不能简单地以成绩为依据，而是要注意不同类型的学生在不同程度上的表现形式。在传统的翻译教学中，学生的思想完全跟着教师的教学设计，没有留给他们思考的空间。所以，为了使英语翻译课真正做到“以人为本”，教师要给学生足够的思考和表达的时间和空间，重视对学习任务的分析与判断，发展新思维与新方法的能力，并对所学内容进行归纳。但是，这要以培养学生的问题意识为前提，因此，教师一定要将学生看作是整个教学过程中的主体，也就是问题的发现者、寻找解决方案的探寻者、检验学习成果的人。

第二节　英语翻译人才的培养模式与路径

一、英语翻译人才的培养模式

（一）外语+社科类

教师可以用语言为载体，以“语言+专业”的方式来培养翻译人员的能力。英语专业是指以英语知识为主要构成要素的英语专业的复合型人才。比如，“英语”是一门外语，那么其所学的学科可以是经济、贸易、金融、法律、新闻等。这种教学模式可以在英语专业开设多个定向课程，使学生能够系统地掌握 6～8 个有关科目的大致内容，从而反映出“复合型”的专业取向。① 这种模式的主要研究领域都是社会科学，在各个高校的专业设置中比较常见，而且有趋于饱和的倾向。

（二）外语+语言类

这种模式是在第一种模式基础上衍生出来的一种，由于其所用的语言也是社会科学，所以这种模式可以用来培养一种能同时使用多种语言的人，比如：英语+汉语、英语+日语、英语+法语。其专长就是通过语言来学习和研究各个外语的语言和文化特色。这样的模式可以是“主语言+副语言”。为了解决我国对外汉语翻译人员短缺的问题，应在外语系学生中强化对传统中文的学习，让他们具备扎实的中文基础。当然，这并不要求必须要有语言专业的背景，像中文专业的学生，如果他们的语言能力足够好，并且经过一些基本的语言培训，他们也能做好翻译。此外，还可以通过这种方式来培养口译员。现在，只掌握单一学科内容的学生就业机会越来越少。这就要求英语专业要向宽口径、应用性和复合型方向发展。

---

① 马亚丽. 翻译人才培养新模式与翻译教学改革研究［M］. 成都：电子科技大学出版社，2019：118.

（三）理工类+外语

该模式将科学技术知识作为主要的知识构成，旨在培育“科技型”的复合性语言专业人才，即以科学和技术为主要技能，从根本上说仍然是技术性的，但是他们已经具备了一定的语言基础，可以在很大程度上完成一些专业性很强的翻译任务。这种模式培养的学生，不仅具备了所学专业的基础知识、学科理论与基本技能，还拥有了坚实的外语基础，对外语口语能力有了很好的掌握。例如，在“科技英语”课程中，若能从专门性入手，辅以英语，就可以培养出一批专门性很强的翻译员，这就是“专门性+外文性”，以专门性为主，外文性为辅的模式。这种“专业课+外教”的模式与“外教+专业课”的模式是截然不同的，这是一种对专业课进行补充的方式。当然，这种模式也可以用辅修制的方式来实现，也就是要求理工类学生在主修成绩优异的前提下，还要辅修外语专业，从而让他们在该专业中成为一名合格的翻译人才。

在上述三种培养方式中，前一种方式所能培养出的译员数量更多，因此，具有语言能力的高校应优先考虑培养这一类的复合型人才。而第二种则逐渐成为主流，其对学生的语言基础有很高的要求，在毕业后，必须能熟练使用两种或更多种语言。第三种培养方式并不常见，这也是造成目前这类翻译人才短缺的原因，这类人才的培养比较困难，而且对学生的要求也比较高，不仅需要学生学习自己的专业知识，还要能熟练地使用一门语言。就各种类型的模式来说，在其教学内容中都应该包含一些基本的翻译理论知识以及一些基本的技巧，这样才能与人才的培养相适应。在此基础上，还可以扩大学生的知识范围，提升学生的人文素养。至于教学内容，也不一定要用到市场上已有的课程，教师们可以按照自己的训练目标，自创教学内容。

二、英语翻译人才的培养路径

（一）政府层面

一是要强化非语言类专业的顶层设计。从一个国家的政治，经济，军事，外交的需要来讲，在与我们有外交往来的国家中，各国政府都应当拥有与之相适应的语言人才，这对国家的形象和地位都有很大的影响。我们可以参考美国等出版发达国家的做法，在全国范围内建立一个专门的学科顶层设计组织，确定对不同语言类型的人才的大致要求，对申请的大学进行学科审核，并对其培养质量进行监督。第二，建立一个高水平的国际和国内翻译人才的数据库。在国家有关部门的支持下，以教育指导委员会为桥梁，与各大学、各行业协会合作，建立覆盖多种语言的全国优秀翻译人才库，也就是“翻译国家队”。应积极与世界知名的汉学家共同努力，为国家建设一支具有国际水平的高级翻译人才队伍。以“外派”的形式，对精通汉语和熟悉中国文化的外国朋友进行重点培训，并构建起一支优秀的翻译人才队伍。第三，对翻译有关法律进行完善，构建和完善译员准入机制、行业监督机制、翻译资费标准等。

（二）培养院校层面

大学翻译传统教育只注重技能的传授，不注重理论的传授。大学作为向当地输送专业技术人才的主力，在很大程度上承担了对专业技术人才培养的任务。为此，大学英语教育思想必须与时俱进。既要兼顾国家的发展需要，又要重视培养专业的外文译员，同时要重视发展和促进本土化的译文教学的顺利进行。高校要与自己的办学特点相结合，寻找出一种与发展相适应的、行之有效的翻译人才培养方式，要做到“两手抓，两手都要硬”，让翻译教学更具合理性和科学性，从而更好地为当地经济社会发展的需要提供服务。

在人才培养中，学校作为主要的教育机构，应该受到足够的重视。改革以往的教学模式，建立以“工程”为载体的、有地域特点的经济学教学模式。① 首先，口译预备训练可以在初级中学中进行。在此基础上，提出了以下几点建议：①在有能力的学校中，应设立口译兴趣班，以加强对口译人才的培养。其实，欧美的一些国家，年轻的口译人员并不少见。②政校结合，建立非通用语专业教育体系，以暑假讲课、网上讲课等方式，筛选、培育一批具有语言才能、对学习有兴趣的年轻人；③对于那些通过期

① 娄德欣. 一带一路背景下英语翻译人才培养模式探究［J］. 福建茶叶，2019（2）.

末考试的非通用语种学生，给予中考和高考优惠政策，让他们走完整的发展道路，进入大学后，就可以对他们进行“语言+特长”的培训。这样不仅可以保证教师的语言能力，还可以给学生提供更多的就业机会。

其次，要注意处理好翻译高专教育中存在的一些突出问题：①我国大学翻译专业的发展速度太快，导致了培训过程的质量监督不够有力；②在翻译硕士生层次上，专业教师的实践能力较弱，兼职教师的培养力度不足，课程建设水平有待提高，相关专业知识缺乏，实践教学基地建设不足；③目前还没有形成一套完整的译学和博士生教育制度，需要进一步健全和完善。学校要以国家的发展战略为指导；以岗位需要为指导；注重学生的实际应用能力的培养；把教师队伍建设作为重点，把质量保证作为切入点。

要想提高应用型英语译者的实际操作能力，就必须建立一套完善的评价体系。这就需要校企双方达成共识，建立一套符合英语译员培训计划和职位需求的评价体系。在英语翻译课中，提高学生的实际应用水平是非常必要的。与此同时，还必须建立一个专门的考核领导小组，根据实习学生在一定时间内的整体表现，将其评定为优秀、良好、合格，这也是对学生在实习期中的实践能力和工作能力的一种认可，这不仅可以帮助学生提高自身的专业技能，还可以将所学到的专业知识运用到实际工作中。另一方面，他们在肯定自己工作的同时，也会认识到自己的缺点，这对他们以后的工作有很大的帮助。

在新的历史条件下，要提高英语译员的素质，就需要进一步加强校企合作，构建“双师”的共同培养模式。大学英语翻译课应更好地融入实际中去。深层次的整合体现在以下几个方面：

第一，企业要对英语译员的培训提出意见，学校要在收集企业意见的基础上，并在调查研究的基础上，不断改进和改进英语译员的培养计划。深化“定单”培训。大学以企业的订单为导向，招收英语译员，以企业的需求为导向，对产业、专业的译员进行培训。大学和企业之间要加强师资交流。

第二，要加强与翻译公司的密切关系。大学应与社会英语翻译培训机构，专业翻译公司等进行合作。学生们可以从参加一些比较简单的翻译以及翻译校对开始，然后按照自己的翻译水平，逐渐开始学习一些比较困难的新闻、文学作品的翻译，最后完成自己的独立翻译工作。

公司要做到对学生充分的信任，并让学生在公司内积极地参与到翻译中来。为了让学生更好地融入企业的翻译工作中，从而提高他们的翻译质量，企业和院校应该对学生学习进行探索，并为其建立一套翻译水平的考核评价体系，并以不同的测评结果为依据，赋予他们相应的岗位实践。

（三）行业协会层面

在信息时代，人们各个方面的要求都在发生着改变。产业与专业是一种自然联系，而专业建设的程度又是决定产业发展的关键因素。为此，翻译界也应该主动介入到对译者的培训中，共同探讨“怎样培训合适的人才”这一重大问题。

中国翻译界唯一的全国性社团组织是中国翻译协会，其在促进翻译研究与交流，行业健康发展，建设一支优秀的译员队伍上起到了很大的作用。为了提高我们在“走出去”过程中的文化能力，我们应加强对产业内各种类型的翻译人员的管理，使他们更好地适应产业内的需要，得到更好地发展。

另外，该协会也可以充分利用自身的社会服务功能，开设微课、慕课、小语种公开课，提高社会对这一职业的认识和重视，并为有需要的人们和有志人士提供方便的进修渠道，营造一个良好的外语教育氛围。

(4) 教师层面

当代出现了更多符合中国特色的词汇。由于英文中没有相应的词语，因此，学生们在翻译时往往会感到无所适从。要提高大学生的翻译能力，就必须加强对一些新时期词汇的培训。

对英语教学人员来说，一是要使他们能够正确地了解相关词汇的含义，以免产生误解。因此，在译者的翻译过程中，必须要有深厚的中国文化底蕴。比如在翻译一些国家政策的时候，应该高瞻远瞩，向世人展示中国的智慧，展示中国的方案。同时，也要表现出一种谦逊，让国外的朋友们产生敬佩和尊敬的心情。

二是，要加强专业词汇的英译培训。教师们可以选择一些既有中国特点，同时也能体现中国文化内涵的词汇或句式来进行培训。教师可以采取

“集思广益”“专题小组”等形式，让学生自由地进行讨论、创作、翻译。教师们评价学生的翻译结果，并给出标准翻译范例以供对比。

第三节　国际化英语翻译人才的培养

一、国际化英语翻译人才的内涵

目前在学术界，尚无人对国际化翻译人才进行界定。有学者从培养目标层面将国际公务员界定为有国际视野、国际情怀、国际知识的人才。还有一些学者从人才性质角度指出外语院校培养的国际化人才应至少包含以下几个特质：①有全球视野、国际观念，了解当今时代的问题、世界发展的历史与趋势；②有民族情怀，熟悉中国传统文化，理解中国现实国情，有报效祖国的社会责任感；③有创新精神和思辨能力，善于学习，适应变化，充分胜任竞争；④有参与国际事务、国际经营活动所必需的专业知识与能力；⑤至少精通两门外语，听、说、读、写、译本领过硬；⑥有跨文化沟通能力，能理解和尊重不同的文化。另一些学者提出国际化创新型外语人才应具备这些素质：①具有良好的语言基本功；②具备极强的专业知识结构；③具有创新性的思维能力和分析解决问题的实际能力；④具有国际视野，能参与国际事务和国际竞争。综合以上观点可以发现，国际化外语人才除了具备语言能力、跨文化交际能力、创新思维能力、解决问题能力等之外，还须具备国际视野和民族情怀，通晓国际规则，能够参与国际事务和国际竞争。①

二、国际化英语翻译人才培养的价值取向

（一）三元价值取向

1998 年颁布的《中华人民共和国高等教育法》促使我国高等教育的价

---

① 张艳臣. 国际化翻译人才培养研究［M］. 上海：上海交通大学出版社，2019：9.

值取向走向了“三元”格局，即个人本位价值取向、社会本位价值取向、知识本位价值取向三维共存。而国际化翻译人才培养作为高等教育的众多组成部分之一，需要契合三元价值取向并以之为指向。三元价值取向是在继承以政治为中心的一元价值取向和以政治为主经济为辅的二元价值取向的基础上发展起来的，认为高等教育属于社会领域而不是政治领域，同时还要凸显个人价值和知识价值的重要性。

1. 个人本位价值取向

个人本位价值取向认为，国际化翻译人才培养的最终目标是培养出真正具有鲜明个性的、有能力的、为社会可用的、完整的、自由的翻译人才。个人本位价值取向强调翻译教育不能只是为社会提供翻译人力资源，同时反对为社会发展进步培养翻译人才的工具性价值观。国际化翻译人才培养的价值就在于个性解放，重视人的存在。个人本位价值取向强调国际化翻译人才培养的最基本价值就是促使个体实现专业知识和翻译能力的全面发展，完成个性完善和自我实现。

个人本位价值取向由来已久，其起源于古希腊柏拉图的“学园”以及亚里士多德的“吕克昂”。柏拉图认为，灵魂中最高尚最可贵的部分就是理性，对理性的培养需要在大学阶段完成，且是大学教育的首要任务，大学教育的终极目标是培养智慧和理性并存的哲学家和思想家。亚里士多德认为，教育就是在培养人的理性的基础上，使人的精神和灵魂得到自由和全面的发展。18 世纪以前，个人本位价值取向在高等教育领域具有至高无上的统治地位，大学教育的核心是发展人的理性，理性和理智是一种独一无二的才能。通过理性和理智这种才能，能够使知识发挥作用并产生效果，最终实现个性的形成和对个性的完善。

2. 社会本位价值取向

社会本位价值取向起源于社会对教育的极度需求，以满足社会需求为本位，以促进社会发展为目标。国际化翻译人才的培养，必须满足社会发展对翻译人才的需求，必须服务于国家建设，必须以实现百年奋斗战略目标为指向，实现个体社会化。社会本位价值取向起源于柏拉图。他认为要利用政治统治下的教育来建立“理想国”，要让具备理性的少数高级人才来治理国家。21 世纪初“威斯康星思想”的形成使社会本位价值观得以确立。“威斯康星思想”由查尔斯・范海斯提出，他在 1904 年的就职演讲中提出，州需要大学来服务，大学对州负有特殊责任。范海斯强调大学的社会服务功能是要把教学、科研与社会服务紧密结合起来。根据社会本位价值取向，国际化翻译人才培养的出发点和归宿是满足社会的不同需求，国际化翻译人才培养的各个环节和方面都要以社会为导向，并在此基础上制定国际化翻译人才的培养目标和培养方案，确定教学方式，选取合适的教材，提高教师素养，评价教学环节。

3. 知识本位价值取向

国际化翻译人才培养过程中的知识本位价值取向，顾名思义就是传授各类知识，强调翻译人才培养的首要任务是传授知识，不考虑学生其他方面的发展。知识本位价值取向，强调在选择知识的过程中要重视知识学科本身的结构和逻辑，这些带有科学逻辑的学科知识是人类智慧的结晶。国际化翻译人才的培养应该强调对学生进行翻译知识的全面灌输，这既可以促使学生掌握系统的翻译专业知识，还可以使学生获得智力提升和专业发展。在中国翻译人才培养的价值取向上，知识本位倾向长期占据主导地位，成为我国翻译教育的“背景色调”。国际化翻译人才的培养本应是一个非常宽泛的概念，但是知识本位价值取向致使其变得狭隘，以知识为本，导致翻译教育只注重局部利益而忽视了整体利益。

三元价值取向是国际化翻译人才培养价值取向的科学理性的选择。高等教育归根结底是育人实践，实现个人或社会价值。个人价值必然是国际化翻译人才培养赖以存在的基础。国际化翻译人才培养的社会价值是通过培养具备所需翻译能力和各类知识的人才来实现的，离开了个人价值，社会价值就无法实现。每个人都处于各种复杂的社会关系之中，需要同社会中的其他存在进行交换互动，不能脱离社会。离开了社会，个人价值就是一纸空谈。国际化翻译人才培养不能离开社会对翻译人才，其涉及的翻译理论和实践以及其他专业知识是隐形的社会价值，采用的教学目标、教学方式、教学方法是实现社会价值的保证。在国际化翻译人才培养中，个人价值、知识价值与社会价值是统一的、有机联系的整体，其中，个人价值和社会价值是知识价值的保障，知识价值是个人价值和社会价值的基础，社会价值是个人价值和知识价值的终极目标。

个人本位价值取向认为个人全面发展是国际化翻译人才培养的终极目标，并以此为基准来建构翻译人才培养理论和推行翻译人才培养实践。而社会价值取向则强调国际化翻译人才培养的社会价值高于个体价值，翻译人才培养理论与实践应以实现社会价值为目的。个人本位价值取向与社会本位价值取向的博弈，概括来说就是个人价值和社会价值何者更重要的问题。国际化翻译人才培养必须合乎自然规律，致力于追求真理和幸福生活，推动个人完善，实现人格建构，这是国际化人才培养的最终目标。

鉴于此，个人本位价值取向所提倡的实现个人价值，就是对真理的主动追求，从而促进社会不断进步。而社会本位价值取向应致力于促进社会稳定与发展，并且不抹杀个体价值的存在。任何严格区分个体价值与社会价值的做法都是片面的、有局限性的，都是对基本概念的曲解。实现个人价值与知识价值是为了更好地实现社会价值。目前，我国国际化翻译人才的培养在实际操作过程中，仍以追求社会价值为主要倾向，倡导应用型理念，以市场为导向，强调人才培养的工具性和对社会的贡献，忽视了教育主体“人”的需求和价值。因此，应该改变在国际化翻译人才培养的过程中重社会价值轻个人价值的现实情况，由低到高地逐步实现翻译人才培养的“政治—社会—教育—个人”四个层级价值。这种价值选择是适应新时代经济发展和社会进步的必然要求的。

（二）生态价值取向

“生态学”是外语教学中的重要内容，是外语教学实践活动的重要组成部分。生态是一门源远流长的科学，它已从简单的生物学发展为一门人文科学和社会科学。美国语言学家艾纳·豪根于 1971 年在《语言生态学》一书中提出了“语言生态价值”。豪根相信，就像自然界中所有有机体的相互依赖一样，语言与其所处的环境也是相互依赖的。在语言生态系统中，不同的语言相互影响、相互制约、相互依存，它们基本可以达到自我调整，最大限度地维持自己的稳定性，从而促进整个语言生态系统的稳定。

语言的构成要素、政治经济环境、自然与社会环境、文化与传统环境等都对语言的生态环境产生着重要影响。世界上的文化是多种多样的，因此语言也是多种多样的。语言多样性是维护语言生态系统稳定的基础，也是世界进步、社会发展和文化传承的保证。所以，在培养国际化翻译人才的过程中，要坚持生态价值导向，对母语教育与外语教育之间的关系进行均衡，要更加重视对非通用语种的学习，尤其要关注对濒危语种的保护与传承。与此同时，要提高翻译学习者对自己母语的认同感，让他们能够积极地学习并传播自己的母语，对自己的国家进行保护，让自己的民族自豪感、自信心和凝聚力得到加强。

在全球化进程中，世界呈现出一元化的趋势，而国际翻译人才的培养必然会触及一些敏感的文化议题。在对外语教育进行深入研究的同时，我们的母语文化国家意识也逐渐淡化，这在某种意义上造成了母语文化的失语。

而翻译人才的培养也是一个非常重要的组成部分，但在全球化的背景下，翻译教育变得非常简单，英语是一种用于信息交换和交流的世界性语言，它加快了一些弱小的语言灭绝的速度，引发了一场语言生态的危机。此外，在英语教学中对英语翻译教学的重视程度也不高，这也是造成英语翻译教学环境恶化的一个主要原因。在我们国家，各种类型的学校基本都是采取了模式化、规范化、工业化的翻译教学方式，把英语当作学生的第一门外语，强行灌输了西方的价值观念，只是简单地传授给他们语言知识，使得培养出来的翻译人才缺乏了自己的特色。国际教育常常只是加强西方的文化，语言，价值和方法。要想成为一名优秀的外语专业教师，就必须重视外语教学中所涉及的外语教学问题。

（三）战略价值取向

“战略”这个术语最初是关于军队的。所谓“战略”，就是从整体上考虑，以求达到整体的目的而制定的计划，它是一种智慧的表现。如何培育一支优秀的翻译队伍，不但关系到一国的利益，而且关系到一国的文化传承与发展。

在这种情况下，许多国家都制定了自己的外语战略，我们的翻译教育，尤其是对国际化的翻译人才的培养，必须服从和服务于这个战略，站在国家的语言战略高度来考虑。在中国特色社会主义新时期，为了更好地服务于国家“走出去”，我们必须加强对外语战略尤其是外语战略的研究。要以国际翻译人员的培训，持续突破对外交流的障碍，增强中国的文化力量。

我们可以从“以人为本”“保护民族语文权”两方面入手，提出“走出去”的战略构想。必须对民族文化的主权进行保护和继承，维护民族的安全；要对不同语言之间的比重进行调整，使不同语言在我国语言系统中的地位与作用均衡，促进翻译生态的建设。以战略价值为导向的国际翻译人才培训是一种与我国目前的国家战略相一致的人才培训，也与提高中国的文化软实力、传播中国声音相一致。

民族语言素质是民族语言运用和处理民族语言中出现的语言现象能力。民族的语言水平在促进一个民族的整体实力中起着举足轻重的作用，必须从民族的发展战略的角度来加以关注和加强。以提高民族语文素质为主要途径的国际化翻译人才的培育，应体现以下几个方面：

一要实施“走出去”的策略，在充分学习语文、科学汲取外来文化的前提下，更多地关注传播“中国之声”“构建通畅的对外交流系统”；二要坚守“外向型”策略，转变为以找工作、应试为主的“内需型”学习动力，提高“外向型”需要的积极性；三要坚持多样化策略，也就是要扭转英语单一类型语种“一家独大”的格局，要注重非常规语种的发展，要注重人才的培育，使语言资源真正做到“百花齐放，百家争鸣”；四是“专业性”策略，也就是从过去只重视语言知识、技巧的“工具性”价值观转变为重视高水平、高水平、高水平的“国际”译员。

国际翻译专业人才的培养是我国高等教育发展的必然要求。国际翻译教育的重要意义是满足国家、社会和个人三个层面的需要。社会需要、个人需要、生态需要、国家战略需要，这四种价值取向的统一，才能保证培养出国际化翻译人才。

第四节　英语翻译教师的核心素养

一、英语翻译教师核心素养的分类

（一）国际化素养

国际化素养，即跨文化能力，是指国际化翻译教师应该具备的国际化知识、国际化态度和国际化技能。在国际化知识方面，要求国际化翻译教师应该熟悉国际规则、本土文化和异域文化的异同、历史地理知识、国际交往活动的基本礼仪和基本原则等。在国际化态度方面，要求国际化翻译教师坚持从国际化的角度来思考问题，坚持平等原则，理解、尊重和包容不同的文化，不批评诋毁异域文化与本国文化的不同之处，在异域环境中能主动遵守当地文化习俗，关注和理解国际上不同地区的热点问题。在国际化技能方面，要求国际化翻译教师具有良好的跨文化沟通能力、跨文化合作能力和批判性思维能力。

（二）理论素养

理论素养指的是国际翻译教师应该掌握翻译理论知识，对翻译理论各个层次上的研究有一定认识。根据其所涉及的客体，可以将语言学翻译理论可划分为本体论和泛译论。其中，本体论主要涉及语篇功能、语境、语义、衔接等方面的研究。泛译论包含了翻译与文化的关系，翻译与其他学科的相互作用原则等内容。

作为一名国际翻译教师，应该很好地掌握翻译教学的全过程，这样才能让学生对这门学科有一个全面的了解。

一名国际翻译教师要自觉地指导学生，让他们能够正确地进行双语转化，以了解正确的原语含义为前提，使译语的表达变得更加准确，更加地道。在课程设计理论中，主要包含了国际译员对教学内容的设计与补充，教学评价手段等。

（三）人文素养

译员要拥有广泛的背景知识，要紧跟国内外形势，对世界各地的对外政策、我国和海外的社会政治经济关系等各方面情况了如指掌。多学点东西，才能更好地进行翻译。所谓的“杂家”，就是要博览群书。

翻译涉及很多知识，如果对这些一无所知，就很难快速找到译本，从而给翻译工作带来了麻烦。所以，翻译者一定要有诚心，在实际工作中不断扩大自己的知识范围。根据自己的爱好，选择一门或几门专业，深入学习，如科技翻译、经济翻译等。除此之外，掌握一些翻译的基础理论，能够帮助译者更好地了解自己的翻译行为，进而树立起正确的翻译理念。

（四）语言素养

语言素养具体包含了以下两个方面：一是国际化翻译教师习得外国语言的能力，二是运用外国语言知识的策略能力。也就是说，国际化翻译教师需要拥有自主学习外国语言的能力。它可以在已经掌握的外语知识基础上，对所掌握的外语知识进行进一步的更新，并对其进行更深层次的学习。

在英语学习中，英语学习的策略能力主要是指英语学习中确定目标、评价目标和执行目标的能力。在翻译实践中，目的明确是为了提高翻译质量。评价水平是通过对翻译过程中所要达到的目的进行评价，即对翻译过程中所要达到的目的进行评价。执行能力是翻译人员在目前所掌握的知识范围内执行任务执行计划的能力。

（五）辨别素养

辨识素养就是对各种事物进行认知，并加以区分的能力。辨别素养指的是，作为一名国际化翻译教师应当拥有辩证的思维，可以分辨出自己的主观意识和客观存在的差别，也就是可以分辨并理解各个文化之间的相似性与差异性，可以分辨出教学对象的不同点，可以分辨出教学目标是否具有科学性。

一名国际翻译教师应当具备一定的文化意识，对自己的民族和外国文化都有深刻的理解，能够将双语乃至多种语言的文化，灵活而又富有感染力地融入自己的翻译教学中。教师辨识性素质的培养，就是指要具备辨识性的能力，要有跨文化身份的思考能力，要有文化融合的态度。

国际化翻译教师应该具备洞察力，对每一位学生的个性、优势、学习情况等都要有充分的认识，识别出学生的特点，进而进行有针对性的教学。一名国际化的翻译教师，应当拥有一种敏锐的洞察力，能够清楚地认识到自己所要达到的教育目的与课程目的之间的内在关系，对学科培养目标的科学性进行判断，其是否与国家、社会以及学生的个体需求一致。

二、提升翻译教师素养的创新方式

（一）做好翻译教学平台建设和技术保障

在此背景下，大学英语教学应根据当前的形势，抓住市场需要，提高英语教师的专业素质，适应外语服务产业的发展需要。翻译专业的在线教学对信息技术的要求比较高，而要想实现信息投递，就必须要有与之相对应的软件工具。教师要选择一个与之相适应的平台，并掌握好各项技术，才能有效地组织并构建好课程资源库，从而实现互动交流，完善翻译课程资源共享平台。

（二）深化翻译教学资源开发、管理与应用

在现代教育技术条件下，课程资源的开发与利用更为便捷。应根据网络翻译教学的特征，对教育资源进行选择和开发，并对其进行信息化和交互性的课程设置。指导在课堂上主动参与，及时、准确地搜集学生的反馈。在课程设计中，对教师的课堂状态、学生的复习情况等可以进行监督，并形成大数据，为后续的工作提供依据。

在非常时期，将线上与线下的教育有机地融合在一起，将会在人们的学习行为中产生一种新常态。大学的翻译教育必然会以线下教学与线上教学为基础，实现双向发展，这一趋势将有助于翻译高等教育的深入改革，为新的经济社会发展做出贡献。通过与外国友人的直接接触，是一种很好的英语学习方法，因此，教师们必须尽可能多地与外国友人交流，以提高自己的核心素质，从而提高自己的整体英语翻译水平，并在此基础上提高自己的整体素质。①

（三）加快翻译教学质量评价体系创建

通过网络资源、教学活动、现代技术和学生的实践能力，构建多维度的评估体系。采用科学、合理的方法，吸收各领域的专业人士参加。这是一种具有综合视野的教育评价方式，将评价的目标从教师和学校的关系扩

---

① 李志莹. 核心素养与高校英语翻译人才培养［J］. 文教资料，2019（15）.

展到了教务体系的有效性、教育学科发展的建构问题等。[①]

（四）创建翻译实践立体化产学研管理平台

基于学校课堂教学与研究工作的密切结合，实施将课堂教学线上线下均衡融合的一体化教学模式，并充分利用该平台的教育实验与学习作用，将国内外的专家学者等与学校的教师团队相融合，进行更大范围的教学翻译实践工作，从而为持续提高人才培养质量奠定基础。

根据社会单位人才培养的需求，学校积极地扩大社会教学资源的范围，积极引进新项目和先进的教材，为学生提供更多的实习和就业机会。以学科标准为准绳，培养具有宽广的国际视野的翻译人才。

第五节　英语翻译教师的师资建设与能力培养

一、英语翻译教师的师资建设

就翻译学科建设而言，我国的翻译教师队伍仍有很长的路要走。翻译专业自成立以来，随着学生人数的增加，对师资的素质和数量提出了更高的要求。与此同时，我国近百万（不完全）各种类型的翻译人员的培养，也急需大批的翻译师资。面对这样的需要，我国翻译专业的师资队伍还存在一些缺陷，比如教学理论等研究比较薄弱，专业进修较少等。当前，翻译教师的年龄结构在逐步变得更加合理，然而，大部分的翻译专业教师仍然没有接受过严格的培训，相关的理论知识也有待提升。所以，必须加强对译员的培训，培养高素质的译员。

（一）学历学位教育

对大学翻译系的教师来说，他们的学位教育是指在外语类专业的基础

① 孝红波. 基于社会需求的翻译人才核心素养提升研究［J］. 现代英语，2022（11）.

上，续攻读硕士和博士研究生。各个硕士、博士学位授予点都会制定出一套与之相适应的培养计划，通常，在接受了系统的研究生培训后，译员的科研水平都会得到很大的提升。

所以，要想提升翻译师资的质量，各个翻译院系一方面要招收翻译专业或方向的高学历毕业生，招收具有较强学术能力，并在翻译专业的某个领域有一定成就的人才；另一方面，应该鼓励在职翻译专业教师报考该专业或方向的硕士、博士，构建合理的翻译专业研究生教学体系，这样能够更好地巩固本校的专业基础，当然，还可以雇用有经验的翻译家来做这方面的工作。

（二）在职或短期培训

这里所说的“在职”与“短期”，指的是对在职教师进行的“非教育文凭”的培训。站在终身教育理念的角度来看待，这种培训具有更多的实际意义和价值。因为，在教师专业发展的过程中，硕士、博士等学历教育的时间很短，从某种意义上来说，它只是为教师的教研奠定了一定的基础。

不论采用何种方法，都应注重实效性，即不仅能让学员在实际操作中获得能力的提高，又能从理论上得到明显的提升。应该说，这些活动对教师的成长都是有益的，但是，它的普及性和成效性还有待提高。各种类型的短训班，无论是在时间上还是在质量上都存在着许多问题，还需要进行更多探讨。

应加强对翻译教师的岗位培养。由于在过去受到学科发展的制约，有关翻译专业的学术会议、学术研讨等比较少，这对教师的整体素质的提高是不利的。目前，随着“译学”二级学科的建立，以及“译学”专业的扩招，对译员的需求越来越大。在有效推动翻译教师的专业化发展开展国内外访问、学术研讨、短期培训班等的同时，还应参考“校本培训”的思想，立足于大学自己的学术资源，发挥大学和学院的积极作用，加强翻译教师间的协作，建立科学的教学和研究平台，重视提升教师的素质。

在此基础上，根据教师的实际情况和教学研究的具体情况，作出总体的计划。可以在征求教师的个人意愿的前提下，以教师的实际水平为依据，将师资大致划分为几个不同的类别，比如学术带头人、青年梯队成员等，组建出由不同方向构成的教研小组，每一个教研小组在学术成果、学历等方面都要进行合理匹配，实现优势组合。针对不同的教学科研水平，制定相应的培训任务目标。学科的领军人物要承担起“指导”青年教师的职责；年轻的教师要多向老一辈的教师学习。

一方面，教研小组能够共同申报并参与相关的教研项目，组织各种教学；另一方面，定期地邀请国内外的专家学者来做学术讲座，让教师对学科的发展趋势有一个全面的把握，这样才能真正地提高教师的教研意识。当然，要想开展一项教研活动，必须要有学校、院系和科研处的大力支持，只要认识到位，采取适当的措施，让教师积极参加，就一定会取得很好的效果。

二、英语翻译教师的能力培养

（一）教育部门方面

教育部门应该主动帮助翻译教师，帮助他们解决职称评定的困难，提高对他们的翻译工作的关注，调动他们对翻译工作的热情，把他们的精力放在教学工作和翻译实践上。除此之外，教育部门还应该积极改革与翻译教师有关的制度，将翻译教师的实践能力和翻译教师的翻译水平，作为翻译教师升迁的衡量标准。此外，教育部门还应该加强对翻译教学的特殊性和翻译形式的多样化的关注①，对不同的翻译类型，采取不同的翻译认定方法。比如，教育部可能会让翻译教师提供组织者的评估报告。

（二）院校方面

1. 师资培训

学校应该对翻译教师的师资培养给予更多的关注，把对翻译教师的师资培养列为学校的一项重要工作，并积极鼓励翻译教师参加进修，持续提高他们的翻译水平。此外在教学中，还应该积极地安排教师参与影视作品的实习，提高其能力。

2. 培养双师型教师

要加强“双师”的师资队伍建设。“双师”型教师是高校教育教师除

---

① 郭淑丽. 翻译教师实践能力提升策略研究［J］. 佳木斯职业学院学报，2017（5）.

伍建设的特设和重点，学校应该积极培育双师型的翻译教师，并让他们在两年的时间内参与到基层的翻译工作中，让他们的实际工作经历变得更加丰富。

此外，译员除了具有教授或更高级别的职称外，还必须具有相应的译员资格。为了达到这个目标，校方应该鼓励他们去参加译员资格考试，并以此为基础来培养他们的实际操作能力。

3. 挂职锻炼

学校应该积极地组织翻译教师进行挂职实习，让他们进入影视企业，参与到影视翻译的实际工作中去，在实际的经济生活中，提升他们的实际操作能力。应进一步加强校企协作，根据市场需要，制订适合我国国情的专业技术人才培养计划。要想培养出适应市场需要的专门英语译员，必须强化校企合作。通过企业的参与，让学校的专业教师、企业的专业人员，一起讨论，制定符合企业发展的、符合社会发展要求的英语译员培养方案，从而使他们的人才培养符合社会的要求。①

4. 校企合作

学校可以充分发挥校企合作的优势，与企业共同建立翻译产学研基地，强化对翻译教师的实习训练，同时也强化对学生的实习训练。此外，学校与企业之间的合作，可以为提高翻译教师的实际操作水平，提供大量的机会，使教师可以更好地了解到这个领域，更好地掌握这个领域的发展趋势。在教学中，要注意提高教师的实际操作能力，增加对教师实习的扶持，鼓励他们参加各种国际性的交流，为他们的实习创造条件。

5. 教学管理

学校应该积极建立翻译工作室或者是一个翻译中心，让翻译专业的学生和教师都能参加进来，让他们的翻译实践能力得到强化。

（三）个人方面

1. 确立个人目标

在教学实践中，译员要主动确立自己的职业定位，并依据自己的专业水平、专业水平等因素来界定自己的职业定位。如北京和上海等国际性会

① 李军胜. 以市场为导向的商务英语翻译人才培养探究［J］. 经济研究导刊，2019（10）.

议频繁召开的地方，教师应根据自身的兴趣，挑选自己感兴趣的行业，加大口译的练习力度。

2. 加强专业知识学习

专业知识在很大程度上决定了翻译的质量，但光懂得翻译的技巧不可能实现高质量的翻译，还需要专业知识作为补充。

3. 校内翻译实践

学校应该积极地为教师提供实习的机会，组织翻译教师参与到国际论坛等活动中，强化翻译教师的校内翻译水平。

4. 校外兼职翻译

翻译本身便是语言的转换，若是翻译的时候，仅仅进行字面意思的翻译，那么翻译的灵活性就会比较差，翻译也会比较生硬，这便要求在对中西方文化背景全面了解的情况下来翻译语言，效果也会有明显的提高。① 学校应积极鼓励翻译教师开展校外翻译，在校企合作模式下让翻译教师承接企业的翻译业务，加强翻译教师的企业翻译实践。

① 孙茜. 大学英语教学中翻译能力的培养［J］. 魅力中国，2022（3）.

参考文献

[1] 柴冒臣. 高校实用文体翻译教学研究 [J]. 成才之路, 2017 (23).

[2] 陈红光. 高职商务翻译课堂教学生态的构建 [J]. 高教学刊, 2019 (26).

[3] 陈君. "微课" 的价值与应用 [J]. 中学语文, 2022 (33).

[4] 陈莉. 中西旅游文化与翻译研究 [M]. 北京: 中国商务出版社, 2018.

[5] 陈岩柏. 大学英语教学中学生翻译能力的培养 [J]. 科教导刊 (电子版), 2020 (32).

[6] 陈莹, 吴倩, 李红云. 英语翻译与文化视角 [M]. 长春: 吉林人民出版社, 2020.

[7] 邓林, 李娜, 于艳英. 现代英语语言学的多维视角研究 [M]. 北京: 地质出版社, 2017.

[8] 丁龙松. 探究翻转课堂在高校英语翻译教学中的运用 [J]. 才智, 2023 (5).

[9] 冯华, 李翠, 罗果. 英语语言学与教学方法研究 [M]. 长春: 吉林人民出版社, 2019.

[10] 高秋凤, 廖嘉俊, 王志杰, 王晓钧. 大学生对慕课教学与传统教学的体验感知差异——以优课联盟 "积极心理学" 课程为例 [J]. 开放教育研究, 2017 (4).

[11] 郭淑丽. 翻译教师实践能力提升策略研究 [J]. 佳木斯职业学院学报, 2017 (5).

［12］何恩. 形合与意合视角下新闻文体的翻译策略［J］. 新媒体研究，2015（12）.

［13］胡晴晴. 翻转课堂理念分析［J］. 小学科学（教师版），2021（8）.

［14］黄丹丹，王娟. 翻译能力的构成以及培养研究［M］. 西安：西北工业大学出版社，2020.

［15］纪旻琦，赵培允，马媛. 英语语言学理论与发展探究［M］. 长春：吉林大学出版社，2020.

［16］节娟娟. 中国传统文化与大学英语教学的融合与渗透研究［M］. 北京：中国大地出版社，2019.

［17］李军胜. 以市场为导向的商务英语翻译人才培养探究［J］. 经济研究导刊，2019（10）.

［18］李志莹. 核心素养与高校英语翻译人才培养［J］. 文教资料，2019（15）.

［19］李卓，胡玉秀. "翻转课堂"结合 MOOCs（慕课）用于高校英语公共演讲课程教学探究［J］. 海外英语，2020（19）.

［20］刘鸣，周红，徐飞，李仪. 浅谈文化因素对英语翻译教学的影响［J］. 才智，2022（20）.

［21］娄德欣. 一带一路背景下英语翻译人才培养模式探究［J］. 福建茶叶，2019（2）.

［22］栾蔚，邱美英. 英语语言学研究的多维视角探析［J］. 现代英语，2022（14）.

［23］马亚丽. 翻译人才培养新模式与翻译教学改革研究［M］. 成都：电子科技大学出版社，2019.

［24］梅曦天. 科技翻译教学与学生综合能力培养［J］. 校园英语，2020（14）.

［25］欧小艳，吴传珍，汪玲. 基于语言学理论的英语教学策略研究［M］. 天津：天津科学技术出版社，2019.

［26］潘文国. 汉英语对比纲要［M］. 北京：北京语言大学出版社，1997.

[27] 秦初阳，等. 文化观照下的中西语言及翻译 [M]. 长春：吉林人民出版社，2017.
[28] 任闯. 简析中西方饮食文化的差异 [J]. 现代交际，2019 (08).
[29] 任林芳，曹利娟，李笑琛. 中外文化翻译与英语教学研究 [M]. 北京/西安：世界图书出版公司，2017.
[30] 盛辉. 语言翻译与跨文化交际人才培养策略研究 [M]. 长春：东北师范大学出版社，2019.
[31] 史旭光. "慕课"的兴起与高校教学的发展 [J]. 中国林业教育，2022 (2).
[32] 束定芳，庄智象. 现代外语教学理论、实践与方法 [M]. 上海：上海外语教育出版社，2008.
[33] 孙茜. 大学英语教学中翻译能力的培养 [J]. 魅力中国，2022 (3).
[34] 孙庆梅. 慕课与商务英语翻译教学 [J]. 金融理论与教学，2017 (4).
[35] 谭璇. 慕课背景下商务英语翻译教学模式分析 [J]. 新教育时代电子杂志 (教师版)，2020 (31).
[36] 汤海丽. 高校英语信息化教学改革与微课教学模式探究 [M]. 北京：冶金工业出版社，2018.
[37] 汪洪梅. 新闻语篇的翻译教学研究 [J]. 西部素质教育，2017 (22).
[38] 王继红，邹玉梅，李桂莲. 基于翻转课堂理论的英语教学改革与实践 [M]. 中国原子能出版社，2019.
[39] 王静. 跨文化视角下的英语翻译理论与实践探究 [M]. 长春：吉林人民出版社，2018.
[40] 王磊. 高校英语教学转型发展研究 [M]. 长春：吉林人民出版社，2019.
[41] 王若，周健，杨森. 基于翻译文体学的实用翻译研究 [J]. 天津城建大学学报，2014 (2).
[42] 吴胜伟. 概念隐喻与二语词汇教学研究 [M]. 哈尔滨：哈尔滨出版社，2020.

[43] 项丹. 商务翻译的文体分类及其翻译研究 [J]. 现代英语，2020 (17).

[44] 孝红波. 基于社会需求的翻译人才核心素养提升研究 [J]. 现代英语，2022 (11).

[45] 邢福义，吴振国. 语言学概论 第2版 [M]. 武汉：华中师范大学出版社，2010.

[46] 杨雪飞. 多元文化视域下的大学英语教学研究 [M]. 北京：北京理工大学出版社，2019.

[47] 杨洋，倪兆学，徐岩. 英语课堂设计与微课教学模式 [M]. 长春：吉林人民出版社，2019.

[48] 杨智新. 功能文体学视角下英文商务合同的文体特征分析 [J]. 学周刊，2018 (23).

[49] 姚娟，徐丽华，娄良珍. 高校英语阅读与翻译教学多维研究 [M]. 天津：天津科学技术出版社，2021.

[50] 游光中. 历代散文名句鉴赏 [M]. 成都：四川辞书出版社，2018.

[51] 袁晓静. 跨文化交际背景下食品英语翻译教学研究 [J]. 中国油脂，2021 (4).

[52] 张富庄，董丽. 当代高校英语翻译教学研究 [M]. 长春：吉林人民出版社，2019.

[53] 张丽霞. 现代语言学及其分支应用语言学的理论与实践研究 [M]. 北京：中国大地出版社，2019.

[54] 张起铭，段钨金. 浅析英汉科技文体翻译策略 [J]. 北方文学，2019 (20).

[55] 张庆宗，吴喜艳. 新编应用语言学导论 [M]. 武汉：武汉大学出版社，2019.

[56] 张秀萍. 认知语言学理论视角下英语教学新向度研究 [M]. 北京：中国商务出版社，2018.

[57] 张艳臣. 国际化翻译人才培养研究 [M]. 上海：上海交通大学出版社，2019.

[58] 赵冉，王雪敏，梁小栋，师旭亮. 跨文化交际背景下中医英语翻译教学探究［J］. 智库时代，2020（34）.

[59] 周榕，郭沫，秦波. 英语翻译与语言学［M］. 芜湖：安徽师范大学出版社，2019.

[60] 周兴华. 翻译教学的创新性与前瞻性体系研究［M］. 长沙：湖南师范大学出版社，2018.